**基金项目**：本书为国家自然科学基金青年科学基金项目“自生锚、外在锚与中国企业海外并购股权决策研究”（71702069）、江苏省高校哲学社会科学研究项目“江苏企业蛇吞象式海外并购：二元学习与整合升级研究”（2017SJB0232）的研究成果。

# 中国企业对外直接投资行为与绩效研究

## ——基于异质性与组织学习视角

肖慧敏 著



东南大学出版社
SOUTHEAST UNIVERSITY PRESS
·南京·

**图书在版编目(CIP)数据**

中国企业对外直接投资行为与绩效研究：基于异质性与组织学习视角 / 肖慧敏著. —南京：东南大学出版社，2019.9

ISBN 978-7-5641-8531-2

Ⅰ.①中… Ⅱ.①肖… Ⅲ.①企业-对外投资-直接投资-研究-中国 Ⅳ.①F279.23

中国版本图书馆 CIP 数据核字(2019)第 188455 号

**中国企业对外直接投资行为与绩效研究——基于异质性与组织学习视角**

| | |
|---|---|
| 著　　者 | 肖慧敏 |
| 出版发行 | 东南大学出版社 |
| 地　　址 | 南京市四牌楼 2 号　邮编:210096 |
| 出 版 人 | 江建中 |
| 网　　址 | http://www.seupress.com |
| 经　　销 | 全国各地新华书店 |
| 印　　刷 | 江苏凤凰数码印务有限公司 |
| 开　　本 | 700 mm×1000 mm　1/16 |
| 印　　张 | 10.25 |
| 字　　数 | 213 千字 |
| 版　　次 | 2019 年 9 月第 1 版 |
| 印　　次 | 2019 年 9 月第 1 次印刷 |
| 书　　号 | ISBN 978-7-5641-8531-2 |
| 定　　价 | 45.00 元 |

本社图书若有印装质量问题，请直接与营销部联系。电话(传真):025-83791830。

# 前　言

随着经济全球化的发展和国际分工的不断深化，对外直接投资（OFDI）已成为一国增强综合竞争力和获取全球控制力的重要手段。中国对外直接投资始终保持快速的发展，越来越多的中国企业走出国门，在全球整合配置资源。企业作为中国对外直接投资的主体，在重塑世界投资格局上发挥着关键作用。然而，中国的对外投资行为似乎难以用传统的 FDI 理论来解释。传统的 FDI 理论认为企业对外投资源于自身竞争优势。与传统 FDI 理论不同，中国企业的对外投资并非仅利用现有的竞争优势，更是弥补竞争劣势。因为中国企业的优势（例如成本控制能力）根植于已有的网络，即母国的特定优势。该优势在短期内促使中国企业在一定区域内扩张，却难以扩张至全球范围。中国企业海外扩张并非仅为自身优势驱动，更是建立全球可持续竞争力的需要，其对外直接投资体现了两种差异化的战略：发挥自身所有权优势与获取新的竞争优势。基于这样的现实及理论背景，本书紧跟国际学术前沿展开，从异质性与组织学习视角考察中国企业对外直接投资的行为与绩效。

本书回顾企业对外投资的相关文献，梳理理论渊源，为本书的展开提供分析框架。概述对外直接投资的规模变化、特征、区位分布，并从企业类型、来源地、所属行业及主要对外直接投资者几个角度阐述 OFDI 企业的基本特征。

在此基础上，本书重点分析了生产率、技术异质性对企业对外直接投资行为(包括投资战略及区位选择)及绩效的影响。

本书首先对企业异质性与对外直接投资的行为策略的内在联系进行了理论推演和实证检验。本书突破 HMY 模型将企业异质性限定为企业生产率差异的局限，将市场控制力差异加入到企业异质性中，构建扩展的 HMY 模型，从理论机理上对企业异质性与企业对外直接投资的门槛进行了推演研究。研究结果证明，即便企业未拥有最高的生产率，若其有较强的市场控制能力亦可开展对外直接投资。在此基础上，本书采用中国上市企业数据，运用随机占优 K-S 检验及 logit 检验方法，对中国企业对外投资行为进行了实证检验。实证结果显示，中国 OFDI 企业并不拥有更高的生产率，但对外投资企业的技术水平显著高于仅在中国境内生产经营的企业。结果表明中国 OFDI 企业虽然不具备生产率优势，但学习动机与能力更强。

在上述研究基础上，在 Melitz，Helpman 及 Chen 的异质企业策略选择模型基础上，加入东道国经济规模、距离及中间产品运输等因素，构建异质性企业对外直接投资区位选择的理论模型，对异质性如何影响企业开展对外直接投资区位选择进行了理论研究，理论模型的推演表明，东道国市场规模越小，地理距离越远，企业进入该东道国的门槛越高。本书进一步探讨了企业异质性、东道国制度环境与对外直接投资区位之间的关系，研究发现，企业异质性会影响企业对投资东道国制度环境的偏好。本书随后采用 logit 与 probit 回归进行实证分析，结果显示生产率较低的企业投资于邻近的、需求较大的市场，生产率较高的企业更有可能投资于市场需求较小的东道国，且拥有更多境外子公司和更广阔的地理空间分布。生产率及技术水平越高的企业越倾向于投资政府更清廉、政策执行更有效的东道国。

进一步地，对异质性如何影响企业对外投资的学习效应进行了理论研究，并结合理论分析开展实证检验。理论研究表明，相对于中国境内企业，OFDI 企业面对消费者更严苛的质量要求和更陌生、竞争更激烈的东道国市场，跨境直接投资更利于促进企业绩效提升。生产率及技术异质性将影响企业通过对外直接投资从东道国获取的垂直及水平逆向溢出，进而对跨境直接投资的学习效应产生重要影响。基于 neighbor 与 kernel 倾向分值匹配方法，本书对中国企业对外直接投资的绩效变化轨迹进行了测算，结果支持了理论研究：相对于非 OFDI 企业，中国 OFDI 企业获得了更大程度的技术提升；相对于仅投资于发展中国家的企业，投资于发达国家的企业获得了更多的效率改进。两阶段最小二乘联立方程估计显示，异质性显著影响了企业对外直接投资后期的绩效。技术水平或生产率越高的企业对外投资的学习能力越强，境外投资后获得更多的绩效提升。

最后，从组织学习视角对中国企业海外并购行为与绩效进行专门研究。海外并购重心由自然资源寻求转向创造性资产寻求，采取“弥补禀赋劣势—发挥比较优势—学习与获取新竞争优势”发展策略，逐步向产业链上游推进。海外并购可以视为组织学习的过程，企业通过海外并购嵌入目标企业，跟踪、学习、转移创造性资产，提高企业的核心竞争力。实证检验发现企业海外并购因战略目标不同在规模、区位、进入方式等方面存在明显差异。进一步地，对企业海外股权选择进行专门分析发现其受到东道国市场规模、目标企业特征、过去决策及他人决策的显著影响。差异性的学习策略对并购绩效产生不同影响：并购前的探索式学习有助于提高企业识别和评估目标企业的能力，并且没有导致沉没成本、技术重叠和知识遗忘，对中国企业海外并购绩效产生了正向影响；而并购后的利用式学习更有利于企业充分利用挖掘已获得的创造型资产，实现高度整合。

在以上理论及实证基础上，本书提出中国企业开展对外直接投资的政策建议。中国企业对外直接投资不仅影响着企业自身的可持续发展，也关系到中国宏观经济的发展及国际竞争力的增强。企业宜根据自身能力谨慎选择对外直接投资战略及投资地区；通过提升生产效率，加快科技创新，增强境外投资学习能力。政府应深化“走出去”战略，为中国企业境外投资提供更为完善的制度保障。

# 目　录

# 第 1 章 绪 论

## 1.1 研究背景

作为新兴经济体国家，中国对外直接投资（Outward Foreign Direct Investment，OFDI）的快速发展引起了各国政府及学术界的广泛关注。作为一个崛起的发展中国家，中国从资本输入国逐步跻身为最大的资本输出国之一，其对外直接投资的增长速度甚至超过众多发达国家。20 世纪 90 年代以前，仅有三十多家企业在境外设立分支机构。1999 年中央政府提出了“走出去”战略，支持鼓励有条件的企业对外投资。随后中国的对外直接投资实现连续十多年的增长，截至 2011 年底，中国对外直接投资累计净额达 4 247.8 亿美元，超过 13 500 家中国境内投资者设立1.8 万家境外子公司，分布于全球 177 个国家和地区。为适应经济全球化新形势，全面提高开放型经济水平，十八大报告进一步提出加快走出去步伐，增强企业国际化经营能力，培育一批世界水平的跨国公司的指导方针。在全球经济复苏乏力、对外直接投资下滑的形势下，2016 年中国企业对外直接投资流量达 1 830 亿美元，同比增长 44%，位居全球第二大对外投资国。2017 年，十九大报告进一步明确提出创新对外投资方式，促进国际产能合作，形成面向全球的贸易、投融资、生产、服务网络，加快培育国际经济合作和竞争新优势。中国跨国企业的竞争力与影响力不断增强，中国对外直接投资将重塑世界投资格局，成为中国加强综合竞争力和获得国际控制力的重要手段。中国企业对外直接投资的发展不仅受益于中国宏观经济水平的增长、政府政策的推动，从微观层面看，与企业自身特征、发展阶段及战略也密切相关。

## 1.2 选题意义

从经济发展角度看，中国对外直接投资处于高速发展时期。从理论及实证视角看，关于中国对外直接投资的微观研究较少，缺乏深入的理论研究，数据获取受到限制，且论证方法亦不足。本书基于中国企业对外直接投资实际情况，借鉴已有研究，试图在理论、实证及实践指导方面产生一定成果。

本书的理论意义在于回答了以下急需解决的问题：(1) 对外直接投资企业更高效吗？企业异质性如何影响对外直接投资自我行为选择？(2) 异质性如何影响了中国跨国企业对投资东道国的选择？(3) 企业通过对外直接投资是否获得了先进的技术管理经验，提高了企业效率(学习效应)？企业异质性影响对外投资学习效应的机制与渠道是什么？(4) 企业在对外投资中适宜的学习策略是什么？

研究企业对外直接投资行为(包括境外投资策略及区位选择)及绩效有重要的现实意义。分析异质性如何影响企业对外直接投资的行为策略，可以为解释中国对外投资增长的原因提供有力证据，也为国家关于对外投资政策的制定提供参考；分析异质性如何影响企业对外直接投资的区位选择，可以为企业对外投资的地点选择提供指导依据；研究对外直接投资对企业绩效的影响也有重要的现实意义。如果对外直接投资存在学习效应，意味着企业通过进入国际市场并积极参与全球竞争可以促进效率的提升，同时也说明政府对于企业走出去的支持是合理且必要的。从组织学习视角分析企业对外直接投资行为与绩效也为中国企业对外直接投资的战略选择，如何促进企业可持续发展，以及政府"走出去"战略的制定提供重要参考。

## 1.3 研究思路与框架

本书依托现有的研究基础，充分吸收与利用相关的最新理论成果及分析方法，采用定性分析与定量分析相结合的方式，从企业异质性与组织学习角度分析中国哪些企业会开展对外直接投资战略、企业如何选择投资东道国以及哪些因素影响了跨国投资绩效。

### 1.3.1 研究思路

(1) 揭示企业异质性与对外直接投资的行为策略间的内在联系。企业异质性是决定企业是否进入国际市场并开展对外贸易和直接投资的关键因素。基于新新贸易理论，立足于新的国际国内经济环境与中国企业的特征，考察中国企业的对外投资行为是否符合 HMY 理论。即生产率高的企业选择对外直接投资，而生产率低的企业选择只供应国内市场。

(2) 考察企业异质性如何影响中国对外直接投资的区位选择。从微观视角出发，在企业异质性模型中加入东道国特征，以及母国与东道国之间的地理距离等空间因素，就不同企业跨国投资的区位选择的内在机理进行系统建模，并依据理论模型基于 probit 回归、logit 估计等方法开展实证分析。

(3) 检测中国企业对外投资是否获得了绩效提升，分析异质性对企业境外投资学习效应的影响。通过对外投资学习国外的先进技术和管理经验是中国对外投资的主要动机之一。企业通过对外直接投资是否获得了先进的技术管理经验，提高了企业效率(学习效应)？企业对外投资学习效应的传导机制是什么？企业异质性是否影响了对外投资学习效应的获取？基于这些问题，采用规范研究与实证研究相结合的方法，分析对外投资学习效应传导机制，探讨企业异质性对学习效应的影响。

(4) 从组织学习视角对中国企业海外并购行为与绩效进行专门研究。海外并购是对外直接投资的主要方式。近年来，大量中国企业在境外开展并购，具有较强的组织学习动机。组织学习如何影响了海外并购行为？在海外并购前后如何选择适宜的学习策略？基于这些问题，从组织学习视角分析海外并购的发展策略，探讨战略目标对海外并购模式的影响，并以海外并购股权选择为例，深入分析组织学习对并购行为的影响。进一步地考察差异化的学习策略在海外并购的不同阶段对企业绩效的影响。

对于异质性的考察，本书主要关注以下两个方面：(1) 生产率异质性。以往关于企业异质性的研究主要集中于生产率异质性，新新贸易理论与新新经济地理均强调企业生产率的异质性，认为企业参与国际市场程度严格依据其生产率水平。基于以往的研究，本书将生产率作为企业异质性的主要考察指标之一。(2) 技术异质性。垄断优势理论指出企业掌握的专有技术与技术专利是企业境外投资的主要生产垄断优势所在。折中理论也将企业研发能力等技术优势视为企业重要的所有权优势。相比较于发达国家企业,中国企业的技术水平与创新能力还相对较弱。通过对外直接投资和技术创新,企业可创造和加强自身特定优势,这较好地解释了中国企业对外直接投资行为,尤其是技术寻求型对外直接投资。技术是企业对外直接投资重要的垄断优势,同时中国企业需要吸收已有的国际先进技术,发扬后发优势,努力提高国际竞争力。技术水平也在一定程度上体现了企业的学习动机与学习能力。基于此,本书还着重分析了企业技术异质性的影响。

### 1.3.2 研究框架

本书共分为九个章节和结论部分共十个部分,各章具体内容如下:

第1章是绪论。阐述研究背景、选题意义、研究思路与框架。近十年来,中国对外直接投资高速发展,中国跨国企业的竞争力与影响力不断增强,然而关于中国对外直接投资的微观研究并不充分。基于此,本书分析了企业异质性对我国对外直接投资的影响,介绍了研究思路及框架。

第2章是文献综述。以文献综述为切入点,为进一步分析提供支持。纵观已有文献,新新贸易理论与新新经济地理强调异质性对企业行为的影响,但主要是基于发达国家的对外投资行为展开理论与实证分析,缺乏对发展中国家对外投资行为的深入研究。这些研究难以较好地适用于中国企业的对外直接投资行为。而关于中国对外直接投资研究多是基于宏观(国家)层面或是中观(产业)层面的分析,缺乏微观视角的深入系统研究。通过对相关文献的梳理可以理清问题的理论渊源,寻找以往研究的空白,为后文展开提供分析框架。

第3章阐述中国企业对外直接投资的基本情况及企业的异质性。首先概述了中国企业境外直接投资的规模变化及区位分布,证实了中国作为对外直接投资的新兴源泉显示出的强大生命力。并进一步地从企业类型、来源地、所属行业及主要境外直接投资者几个角度阐述OFDI企业的基本特征。最后,专门分析了新时期中国企业海外并购的行为及特征。现状部分为研究中国企业对外直接投资行为与绩效奠定现实基础。

第4章探讨企业异质性如何影响中国企业对外直接投资的行为策略。HMY模型从生产率异质性角度分析了企业生产率差异对其境外投资行为的影响。该理论认为企业生产率是决定企业是否进入国际市场并开展对外贸易和直接投资的关键因素:生产率高的企业选择对外直接投资,而生产率低的企业选择只供应国内市场。区别于HMY模型基于发达国家跨国企业的投资行为,以发展中国家跨国企业投资行为作为出发点，理论分析企业异质性对中国企业的对外直接投资行为的影响，以及什么样的企业才会选择对外直接投资。并根据扩展的 HMY 模型，采用一阶随机占优 K-S 检验等方法进行实证验证。

第 5 章分析异质性如何影响企业境外直接投资的区位选择。在传统关于投资区位的研究中，东道国特征（市场需求、制度环境等），以及母国与东道国之间的距离等空间因素是影响境外直接投资区位行为的主要因素。从微观视角出发，在企业异质性模型中加入这些因素，考察企业异质性如何影响中国对外直接投资的区位选择。并通过 probit 回归、logit 回归等计量方法对中国对外直接投资的“分类效应”(Sort Order)进行实证分析。检验生产率/营业收入/技术水平高的企业是否拥有更多的境外子公司和更广阔的地理空间分布，实证考察异质性如何影响企业境外投资东道国的经济、制度环境偏好。

第 6 章揭示企业异质性与对外直接投资的学习效应的内在联系。对外直接投资是学习国外的先进技术和管理经验的重要渠道之一。企业通过对外直接投资是否获得了先进的技术管理经验，提高了企业效率呢？企业对外投资学习效应的传导机制是什么？企业异质性是否影响了对外投资学习效应的获取呢？为回答这些问题，本章理论分析学习效应传导机制，探讨异质性如何影响企业对外直接投资的垂直及水平逆向溢出。并采用倾向评分匹配方法(PSM)及配合倍差法(DID)分析法，考察对外投资的企业的绩效增长是否显著高于非对外投资企业。最后基于联立方程估计异质性对企业对外直接投资学习效应的影响。

第 7 章从组织学习视角对中国企业海外并购行为与绩效进行了专门分析。中国企业通过海外并购嵌入目标企业，跟踪、学习、转移创造性资产，提高企业的核心竞争力，海外并购可以视为组织学习的过程。本章考察企业战略动机是否影响企业海外并购模式，分析组织学习对海外并购股权选择的影响。

第 8 章分析差异性的学习策略在海外并购绩效中的作用机理。探索式学习与利用式学习对并购方识别和吸收目标企业创造性资产具有不同影响，基于组织学习视角，理论分析并实证考察海外并购中二元学习（探索式学习与利用式学习）的作用，以期为企业更好地实施海外并购战略、参与国际竞争提供经验参考。

第 9 章阐述本书政策含义。基于中国企业对外投资行为策略、区位选择及学习效应的理论与实证研究，就中国企业开展境外投资提出相关的政策建议。

本书最后为结论部分，总结全文，并指出其中的不足和改进方向。

# 第2章 文献综述

关于对外直接投资的研究众多，由于本研究关注的是微观层面的研究，在此主要回顾从企业微观层面研究对外直接投资的相关文献。

## 2.1 国际商务理论关于企业对外直接投资的研究

从理论角度看，三大传统的国际商务理论从企业微观视角分析了企业对外直接投资，即垄断优势理论、内部化理论与折中理论。国际商务理论关于企业对外投资的分析虽是从微观企业角度展开分析，然而主要采用经验分析或案例分析的方式，缺乏系统的机制与实证研究。

1960年，斯蒂芬·海默(Stephen Hymer)在其《国内企业的国际化经营：对外直接投资的研究》一文中，首次提出跨国公司垄断优势论，随后查理斯·金德伯格(Charles P. Kindleberger)进一步补充和扩展。该理论认为跨国公司对外直接投资获利的条件是自身的垄断优势，包括：(1) 经营管理能力、专利技术水平、资金融通能力等生产垄断优势；(2) 销售技巧、产品差异性、价格控制等市场垄断优势；(3) 在横向或纵向一体化过程中，通过环节衔接提高效率的规模经济优势；(4) 网络与信息优势。1976年，Buckley 与 Casson 在 Coase 新厂商理论的基础上，提出了跨国企业的内部化理论。该理论认为企业用内部管理机制配置资源代替市场机制，可以节约交易成本，避免市场不完全性对经营效率的影响。对外直接投资实质是跨越国界的企业管理权与控制权的扩张。其中企业管理能力、协调功能、组织结构等企业特定因素会影响其跨国投资行为。邓宁综合了前人的研究，提出了 OLI 分析框架(折中理论)，认为企业只有同时具备所有权优势(O)、区位优势(L)及内部化优势(I)才能进行跨国直接投资。其中所有权优势理论是企业对外直接投资的必要条件,即企业拥有的而国外企业无法拥有的优势,包括生产诀窍、品牌优势、组织管理能力、研发能力、规模优势、融资能力及销售技巧等。

西方传统的对外直接投资理论主要分析发达国家跨国企业的境外投资行为,其基本的假设与分析框架是:企业国际化是基于企业自身特有的优势,着重分析各区域相对于东道国企业的优势所在。21 世纪以来,发展中国家,尤其是中国的对外直接投资迅速发展,然而其境外投资行为与发达国家 FDI 在国际化进程与竞争优势上存在很大差异。相对于东道国企业,中国的境外投资企业可能并不完全具备垄断优势或所有权优势,这给传统对外直接投资理论的解释力带来了新的挑战。传统的理论不断被修正与完善,邓宁在 OLI 分析框架的基础上,提出企业的优势不仅指相对于外国企业的静态优势,还包括获取创造新资源并化为己有的动态优势。Matthews 和 Buckley 更多地强调发展中国家跨国企业的灵活性与学习动机。

## 2.2　新新贸易理论关于企业异质性与对外直接投资战略的研究

近几年来,关于微观企业层面异质性的研究逐渐受到学术界的关注。一些原有学说加入了对企业异质性考察而产生了新的活力。新贸易理论在考察市场结构变动和产品差异化的同时,加入微观企业层面的分析,产生了新新贸易理论。新新贸易理论对企业异质性与对外投资的分析主要是基于 HMY 理论(Helpman-Melitz-Yeaple Model),实证分析大多也是基于该理论展开,且绝大多数实证研究均验证了 HMY 理论。

### 2.2.1　新新贸易理论的演化及 HMY 理论的产生

新新贸易理论是在传统贸易理论及新贸易理论的基础上演化产生,其最大的创新在于加入了企业异质性假定,因而亦称之为“异质性”企业贸易理论。国际贸易理论大致经历了三个发展阶段,从传统国际贸易理论到新贸易理论,再到新新贸易理论。比较优势理论及赫克歇尔-俄林(H-O)理论是传统国际贸易理论的典型代表。该类理论假设市场完全竞争,同质的企业与产品,无贸易壁垒及规模经济。同时,各国依据要素禀赋专业化生产具有比较优势的产品,并进行贸易。传统国际贸易理论通常用以解释产业间的贸易。

随着经济的发展及分工的细化，传统贸易理论无法解释快速发展的产业内贸易。基于此，产品差异化及不完全竞争市场结构被引入，新贸易理论应运而生。新贸易理论假设规模经济及不完全竞争，产品差异化致使产业内贸易。然而新贸易理论仍假设生产技术一致，即同质企业。

由于企业贸易的进一步发展，企业差异愈发凸显。传统国际贸易理论与新贸易理论将企业生产视为“黑匣子”，已无法适应时代的需求。新新贸易理论继承了新贸易理论产品差异化及不完全市场的假设，但突破性地将企业异质性视为内生，拓展了国际贸易理论的视角及思路，越来越多的学者开始分析企业的微观异质性对其行为和绩效的影响。Melitz 采用异质企业模型解释企业的出口决策，Helpman 等人在 Melitz 的研究基础上引入对外直接投资决策，指出较低生产率的企业仅在国内生产和销售，中等生产率的企业选择出口服务国外市场，最高生产率的企业才会进行跨国直接投资，即 HMY 模型。该思想又被称为企业行为的自我选择效应(Self-selection Effect)。

### 2.2.2 基于 HMY 理论的实证研究

20 世纪 90 年代初，一些经济学家已经证明了同部门的生产制造企业之间的贸易模式存在鲜明的差异。越来越多的实证文献测算了出口企业与非出口企业的生产率差异，结果表明，美国、英国、德国等发达国家，以及中国台湾和韩国、智利、哥伦比亚、墨西哥、摩洛哥等发展中国家和地区，出口企业的生产率显著优于非出口企业，并在许多情况下生产率与出口存在因果关系。与此同时，一些研究测算了跨国公司与国内公司之间生产率的差异。Doms 和 Jensen 研究显示，美国跨国公司生产率水平高于美国所有公司生产率的平均值。Barba Navaretti 和 Castellani 指出，滞后生产力能预测意大利企业建立海外附属公司的行为。Head 和 Ries 采用日本上市企业的出口和对外直接投资的信息，比较企业国际化程度与平均全要素生产率(TFP)的关系，发现了一些支持 HMY 模型的证据，但统计上并不十分显著。Girma、Görg 和 Strobl 比较爱尔兰国内企业、出口企业、跨国企业生产率的分布，发现国内企业与出口企业间不存在显著的生产率差异，但是跨国企业的生产率显著地高于国内企业与出口企业。Jens M. Arnold 和 Katrin Hussinger 采用 1996—2002 年德国企业层面的数据，基于企业 TFP 验证了 HMY 模型，结果显示跨国企业生产率最高，出口企业次之，国内企业生产率最低。总体看来，绝大多数实证检验均证实了 HMY 模型。

## 2.3 新新经济地理关于企业异质性与对外直接投资区位的研究

经济地理改变过去的 20 多年里只关注于国家层面的“宏观异质性”如何内生的影响企业的行为，进一步考察企业层面的异质性对其区位选择及集聚效应的影响，新新经济地理理论应运而生。理论上，Dixit-Stiglitz 垄断竞争模型、BEJK 伯川德竞争模型和拟线性二次函数 OTT 模型从不同的视角建立一个囊括空间因素一般均衡模型分析异质企业的区位选择。实证上，众多研究发现企业的对外直接投资中存在“分类效应”(Pecking Order)，企业的生产率门槛值会受到国家特征尤其是市场规模特征的影响。

### 2.3.1 企业异质性与新新经济地理的相关模型构建

自从 1991 年 Krugman 的奠基性论文《规模经济与经济地理》诞生 20 多年以来，新经济地理一直致力于解释宏观异质性(Macro-heterogeneity)，而忽视了各地区间的企业与人力资本本身可能具有的差异。新新经济地理充分考虑企业和劳动者的微观异质性(Micro-heterogeneity)，使对地区间经济差异的研究从量的层面深入到质(微观效率)的层面，为观察空间经济提供了崭新的视角。微观企业层面的研究也促进经济地理的进一步发展，形成了“新新经济地理学说”。新新经济地理虽然基于新经济地理，但模型更多元化。从文献来看，当前有两种主流的模型框架，即垄断竞争 DS 框架以及拟线性函数 OTT 框架。

DS 框架源于 Dixit-Stiglitz 的常替代弹性模型，一直是经济地理分析的最常用模型。Krugman 和 Fujita 指出新经济地理及新新经济地理的部分文献均以冰山交易成本、垄断竞争 DS 模型、计算机模拟及演化分析为基础。Baldwin 与 Okubo 开创性地在经济地理的分析中引入企业异质性，运用垄断竞争 DS 模型基于企业效率异质性解释中心-外围结构：由于选择效应和集聚效应，生产率高的企业选择市场中心区域，低生产率企业则倾向于分布于市场外围。Okubo 及 Combes 等人运用 DS 模型得出企业效率与市场规模正相关。

因DS模型通常假设工业品的消费需求弹性是常数，以致企业的产品定价与市场规模不相关。为解决这个问题，需要建立更具解释力的模型。Ottaviano、Tabuchi、Thisse基于准线性，建立了一个二次函数的框架(OTT框架)。Melitz与Ottaviano运用该框架证明市场规模及贸易会改变竞争程度，从而影响企业境外直接投资的区位选择，且生产率高的企业才生存于规模较大的市场。Okubo等人的研究也支持了以上结论。表2.1比较了DS模型及OTT模型的函数及定价公式的差异。

除以上的分析框架外，还存在BEJK框架。Holmes，Hsu，Lee在BEJK的分析中，加入企业异质性得到了新新经济地理的BEJK模型。但目前在新新经济地理的文献中，基于BEJK模型的研究较少，并非新新经济地理的主流方向。

**表2.1　DS模型与OTT模型比较**

| | DS模型 | OTT模型 |
|---|---|---|
| 研究者 | Baldwin和Okubo<br>Behrens等 | Melitz和Ottaviano<br>Foster等 |
| 基本函数 | $U=Q=\left[\int_{i\in Q}q(\omega)^{\rho}\mathrm{d}i\right]^{1/\rho}$ | $U=\alpha\int_{i\in Q}qi^{c}\mathrm{d}i-\frac{1}{2}\beta\int_{i\in Q}(qi^{c})^{2}\mathrm{d}i-\frac{1}{2}\gamma\left(\int_{i\in Q}qi^{v}\mathrm{d}i\right)^{2}$ |
| 定价公式 | $pi=\frac{\sigma_{w}}{(\sigma-1)\varphi_{i}}$ | $pi=\alpha-\beta qi^{c}-\gamma\int_{i\in Q}qi^{c}\mathrm{d}i$ |

### 2.3.2　企业异质性与区位分布的实证分析

相关的实证分析大多是在Melitz、Ottaviano，以及Combes等人研究的基础上，对企业对外直接投资的区位选择进行实证检验。在他们的企业异质性模型中，企业的生产率门槛值(Firm's Productivity Threshold Levels)会受到国家特征尤其是市场规模特征的影响。将企业异质性标示为不同的生产率，大量的实证研究发现"分类效应"存在于企业的对外直接投资中。企业的对外直接投资行为倾向于根据东道国进行分类:生产率更高的企业投资更多的东道国，且更有可能投资于吸引力更小的东道国，例如市场规模更小、固定成本更高及进口税更低的东道国。

而国内研究中国对外直接投资区位选择的文献多是基于东道国的异质性展开，如钟昌标、程惠芳、阮翔、何本芳、张祥、唐宜红、林发勤、宋维佳、许宏伟等人的研究，缺乏对中国企业微观异质性的考察。近年来，部分研究关注于企业微观层面的境外直接投资区位选择。例如：肖慧敏、刘辉煌发表的《地理距离、企业异质性与中国对外直接投资——基于“新”新经济地理视解》一文中考察企业异质性与东道国特征如何影响企业进入的生产率门槛值，进而影响企业对外投资的区位选择。该文采用 2000—2010 年中国企业在 118 个国家(地区)建立的 1 052 家子公司的数据进行实证分析，发现中国境外投资企业间存在较大程度的异质性，地理距离与企业生产率门槛值正相关，中国企业对外直接投资存在“分类效应”，生产率较低的企业选择进入邻近市场，生产率较高的企业更有可能投资于距离较远、市场需求较小的东道国。部分学者基于企业微观层面，考察了东道国制度环境对境外直接投资的影响。宗芳宇等基于 2003—2009 年中国上市公司境外投资数据，研究发现双边投资协定促使企业在签约国进行投资，且有利于替补东道国制度的缺失，尤其是制度环境较差的东道国。王钢、张朝国以温州民营企业为例实证分析对外直接投资的区位选择，研究结果显示，制度环境、企业市场营销渠道、技术创新资源、市场信息资源是区位选择的重要因素。

## 2.4 企业对外直接投资绩效的研究

过去的 30 年里，发达国家的对外直接投资虽然导致了国内员工数量的下降(主要为制造业)①，却有利于企业效率的提升。Head 和 Ries 的研究显示，1956—1990 年的日本跨国企业在低收入国家的直接投资对母公司效率产生了积极的影响。Hansson 研究发现，1990—1997 年瑞典跨国企业对中东欧国家(地区)的投资，提升了母公司的技能水平。Castellani 等人实证研究了 1998—2004 年 108 家意大利企业的对外直接投资对企业生产率的影响，结果显示相对于国内企业，对中欧和东欧国家进行投资的跨国企业生产率水平显著提升。20 世纪 80 年代以来，新兴经济体国家的对外直接投资不断增加。Lecraw 认为通过对外直接投资，印度尼西亚企业成功打入国际市场提升了所有权优势。也有学者提出了相反的看法，Kim 对 256 起韩国对外直接投资进行案例分析发现，韩国对外直接投资虽然增长

① 企业的国际化程度不断加强，致使发达国家就业水平下降(主要是制造业)，尤其是低技术工人的数量及实际工资的下降。在过去的 30 年中，美国制造业减少劳动力约 250 万(总份额从 26.4%下降到 14.7%)，英国减少了约 350 万工人，其他发达国家也出现类似的趋势。

了投资者财富，却未获得竞争者的技术优势。Aybar 和 Ficici 分析了 1991—2004 年新兴经济体企业的 433 起跨国并购后认为，一半以上的并购不但未创造价值反而损害了企业绩效。可见新兴经济体企业的对外直接投资并不完全具备折中理论提出的三种优势①，其对外直接投资的绩效也因国家和企业的不同而有所差异。

也有学者专门就中国的对外直接投资绩效进行了探讨。理论分析上，冼国明、杨锐认为中国对外直接投资很多是"扩大知识暴露型投资"，他们提出两阶段学习理论，即使在发达国家投资无利可图甚至亏损，为获取该国先进的技术与管理经验，可用母国或第三国市场上的营业收入补偿进行投资。王海对比联想并购 IBM 前后市场份额变动及财务指标发现，联想并购成败尚难定论，目前仍未逃过"赢家诅咒"。黄速建、刘建丽指出中国企业对外直接投资并不仅考虑经济利益的最大化，更多地是获取资源，学习先进技术，实现特定战略目标。对于中国跨国企业效率的考察主要为理论研究，少数案例和实证分析也集中于评估中国企业跨国并购的股票市场绩效。Hemerling 等人对 16 起中国企业跨国并购事件进行事件研究发现，超过半数的中国跨国并购具有财富效应。而 Luedi 采用同样方法分析了 1995—2007 年 56 个中国企业跨国并购案，认为大多数的跨国并购没有创造投资者价值。顾露露、Robert Reed 评估了 1994—2009 年 157 起中国企业跨国并购绩效，认为跨国并购的短期市场绩效显著为正。李泳采用企业层面数据进行实证研究，结果表明：与国内投资相比，企业境外投资在技术提升和产出增长方面无显著差异。特别的，在发达中国家投资 1 至 2 年期，境外投资对母企业技术和产出增长的影响均低于仅在国内生产与经营的企业；而投资发达国家的企业技术提升要显著快于仅在国内投资的企业。肖慧敏、刘辉煌采用 2005—2011 年上市企业的微观数据，基于 neighbor 与 kernel 倾向分值匹配方法检验了企业对外直接投资是否存在学习效应。研究结果表明，中国企业通过对外直接投资显著提升了技术水平。蔡灵莎发现外来者劣势对跨国企业对外直接投资绩效存在显著负面作用，探索性学习强调知识信息逆向转移，能够促进跨国企业突破性创新来弱化外来者劣势对长期投资绩效的负面作用。邱立成等利用 2004—2006 年对外直接投资的企业数据，研究表明中国企业对外直接投资提高

① 国际投资的折中理论认为企业只有同时具备所有权优势(O)、区位优势(L)及内部化优势(I)才能进行跨国直接投资。

了母公司的成本加成率，有助于改善母公司的经营绩效。张凌霄运用 2002—2007 年中国工业企业数据库研究发现 OFDI 国有化程度越低，企业 OFDI 绩效则越高。政府对国有企业提供的优惠政策抑制了其投资经营绩效的提高，政府参与民营企业对外投资并没有显著提高其经营绩效。刘晓丹、衣长军采用倾向得分匹配方法评估 2006—2010 年中国企业 OFDI 绩效，实证结果显示 OFDI 能够提高企业的经营绩效和生产效率，且对于企业绩效的提升具有一定的滞后性。吴先明、胡博文选取 2003—2013 年中国 30 个省份的面板数据研究发现，对外直接投资通过研发强度对后发企业技术追赶绩效产生积极影响，对外直接投资对后发企业技术追赶绩效的提升作用更为明显。

## 2.5 文献述评

从文献回顾来看，基于微观企业层面考察企业境外投资行为是目前国际研究的热点，这为进一步深入研究奠定了基础，但仍存在进一步研究的空间。(1) 新新贸易理论与新新经济地理均是基于发达国家的对外投资行为展开理论与实证分析，缺乏对发展中国家对外投资行为的深入研究。新新贸易理论与新新经济地理均是从发达国家的投资行为出发，基于北-北模型构建理论分析，实证研究样本也多是欧美等发达国家(地区)，缺乏对发展中国家的对外投资行为的分析。中国，作为后起的发展中国家，其境外投资行为与发达国家 FDI 在国际化进程与竞争优势上存在一定差异，相对于发达国家的企业，中国的对外投资企业可能并未拥有先进的技术或更高的生产率的优势，且容易受到政策的影响。中国企业对外投资的区位选择也可能与发达国家跨国企业存在差异。基于此本书对异质性如何影响中国企业的对外投资行为进行系统分析。(2) 虽然近年来有部分文献从微观角度分析对外直接投资对企业绩效的影响，但缺乏对中国企业对外投资后绩效变化轨迹的深入分析。基于此，本书测算了对外投资前后企业的绩效轨迹，并考察异质性对对外投资学习效应的影响。(3) 较少有文献从组织学习视角分析企业对外直接投资行为。跳板理论指出新兴国家企业通过对外直接投资学习先进科技，实现跨越式发展，但相关的机理和实证研究并不充分。基于此，本书探讨组织学习如何影响企业对外投资行为，以及适宜的学习策略。

# 第3章 中国企业对外直接投资的发展现状

20世纪90年代以来，世界经济全球化的发展趋势日益加强。国际资本流动、国际贸易等纽带形成了生产一体化、市场一体化以及经济调节一体化的综合。国际直接投资已成为推动经济全球化积累的重要方式。21世纪以来特别是近几年来，中国对外直接投资发展迅速。中国作为跨国直接投资的新兴源泉，显示出了强大的生命力。本章首先概述对外直接投资的规模变化、特征、区位分布，进一步地，从企业类型、来源地、所属行业几个角度阐述OFDI企业的基本特征，最后就中国企业海外并购的发展现状进行专门阐述。

## 3.1 中国企业对外直接投资的规模变化与特征

在经济全球化及中国经济水平提升的推动下，中国对外开放的战略层次也在不断提高。

### 3.1.1 中国企业对外直接投资的规模变化

过去的20年间，中国对外投资迅猛发展。2003年，中国对外直接投资存量总额仅334亿美元，根据UNCTAD(联合国贸易和发展会议)发布的《2003年世界投资报告》全球的流量、存量测算，中国对外直接投资分别仅占当年全球对外直接投资流量、存量的0.45%和0.48%。中国对外投资经过20年的快速发展，截止到2017年底，中国对外直接投资流量、存量在全球的位次分别为第三位和第二位。

图 3.1 显示了 2003—2017 年中国对外直接投资流量及存量发展趋势①。

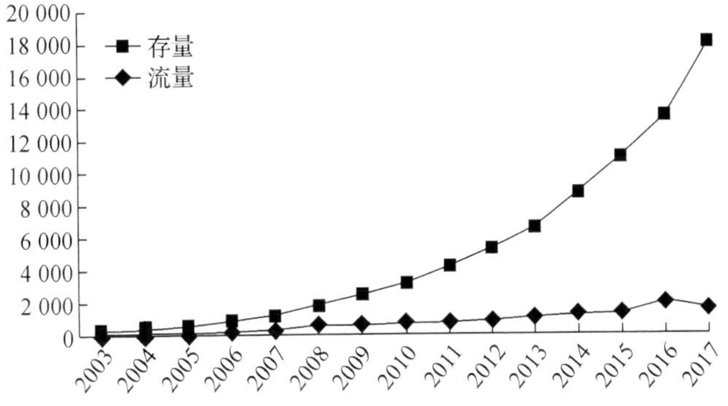


**图 3.1　2003—2017 年中国对外直接投资情况表(单位:亿美元)**

受世界经济和金融危机的影响,2009 年全球外国直接投资流出流量 1.1 万亿美元,年末存量 18.98 万亿美元,较上年下降了 43%。发达国家的对外投资在 2009 年及 2012 年亦显著下降。而中国 2008—2013 年境外直接投资持续上扬,截至 2013 年底,中国 1.53 万家境内投资者在境外设立 2.54 万家对外直接投资企业,分布在全球 184 个国家(地区),较 2012 年增加 5 个;中国境外直接投资累计净额(存量)达 6 604.8 亿美元,较 2012 年排名前进两位,位居全球第十一位。2013 年中国境外直接投资分别占全球当年流量、存量的 7%和 2.5%,这是中国连续两年位列全球三大对外投资国(流量)。

2014 年是中国对外投资首破千亿美元大关的节点。商务部数据显示,2014 年非金融类对外直接投资首次突破千亿美元大关,达到 1 029 亿美元,增长 14.1%,继续保持世界第三位。2014 年实际使用外资规模稳定增长,约为 1 196 亿美元,增长1.7%。"(对外投资)如果包括我国企业在国(境)外利润再投资和通过第三地的投资,我国实际上已成为资本净输出国。"商务部新闻发言人孙继文就 2014 年商务形势和工作接受媒体采访时表示,"这是开放型经济发展到较高水平的普遍规律,是我国从经贸大国迈向经贸强国的重要标志。"利用外资自 2010 年跃升千亿美元平台后,此后四年一直徘徊在 1 100 亿美元的水平上,而对外投资则是一年一个台阶,2011 年破 600 亿美元,最终在 2014 年与 FDI 比肩,双双进入千亿美元时代。

2015—2016 年,中国对外直接投资依旧保持强劲增长的趋势。2017 年中国

① 数据由 2003—2017 年各年度《中国对外直接投资统计公报》整理而得。

政府加强对企业对外投资的真实性、合规性审查，市场主体对外投资更趋成熟并回归理性。2017 年，中国对外直接投资流量为 1 582.9 亿美元，同比下降 19.3%。截至 2017 年底，中国 2.55 万家境内投资者在国(境) 外共设立对外直接投资企业3.92 万家，分布在全球 189 个国家(地区)，对外直接投资存量达 18 090.4亿美元。

### 3.1.2 中国企业对外直接投资的特点

其一，对外直接投资增势强劲。2017 年末，中国对外直接投资存量18 090.4 亿美元，较上年末增加 4 516.5 亿美元，是 2002 年末存量的 60.5 倍，占全球外国直接投资流出存量的份额由 2002 年的 0.4%提升至 5.9%，排名由第二十五位上升至第二位，仅次于美国(7.8 万亿美元)。中国在国际投资市场占据着举足轻重地位。从存量规模上看，中国与美国差距仍较大，仅相当于美国的 23.2%；与位列前六的中国香港、德国、荷兰、英国比较接近。

其二，企业行业分布广泛，投资相对集中。对外投资行业分布一直保持多元化格局，覆盖了国民经济所有行业类别，但投资集中度高。2017 年末，中国对外投资行业遍布国民经济所有类别，其中存量超过千亿美元的行业有：租赁和商务服务、金融、批发和零售、采矿业、制造业、信息传输/ 软件和信息技术服务业，以上六个行业存量合计 15 618.6 亿美元，占中国对外直接投资存量的 86.3%。

其三，企业跨国投资地区分布不均衡。中国对外直接投资已扩展到世界 190 个国家和地区，但主要流向中国香港、新加坡、印度尼西亚等地区。从投资存量上看，亚洲、拉丁美洲是存量高度集中的地区，占总比重的八成。从投资企业数目来看，半数以上分布在亚洲地区，地域相对集中；其次为欧洲、北美洲及非洲，比重均为 10%左右。

其四，对外投资并购发展迅猛，投资领域广泛。2017 年中国企业对外投资并购依旧活跃，共实施完成并购 431 起，实际交易总额 1 196.2 亿美元，占当年中国对外直接投资总额的 21.1%。中国化工集团以 421 亿美元收购瑞士先正达公司 98.06% 股权是 2017 年中国企业“走出去”战略实施的最大海外并购项目，同时也是当年全球跨境并购第二大项目。

## 3.2　中国企业对外直接投资的区位分布

虽然发展中经济体对外直接投资整体上发展迅速，但在不同的国家和地区，对外直接投资活动的情况也存在较大的差异。本节着重阐述中国企业对外直接投资的区位分布，具体包括区位分布的发展历程、企业在各大洲的分布情况及企业主要的境外直接投资东道国。

### 3.2.1　OFDI 企业在各大洲的分布

企业境外直接投资在各大洲的分布极不平衡，亚洲和拉丁美洲占到存量的八成。2017 年末，中国在亚洲的投资存量为 11 393.2 亿美元，占投资总额的 63%，其中中国香港占亚洲存量的 86.1%；拉丁美洲 3 868.9 亿美元，占 21.4%，其中开曼群岛和英属维尔京群岛累计存量 3 717.4 亿美元，占对拉美地区投资存量的 96.1%；欧洲 1 108.6 亿美元，占 6.1%，主要分布在英国、荷兰、卢森堡、俄罗斯、德国、瑞士、瑞典、法国、挪威、意大利等；北美洲 869.1 亿美元，占 4.8%，主要分布在美国、加拿大；非洲 433 亿美元，占 2.4%；大洋洲 417.6 亿美元，占 2.3%。

中国对外直接投资存量的八成分布在发展中经济体。2017 年末，中国在发展中经济体的投资存量为 15 524.18 亿美元，占 85.8%。

表 3.1 报告了 2012 年与 2017 年末各大洲中国境外企业数量及比重情况。半数以上中国境外企业分布在亚洲地区，地域相对集中。其次为北美洲、欧洲及非洲，比重均为 10%左右。中国在拉丁美洲及大洋洲建立的企业较少，约占 5%和 3%。

**表 3.1　中国境外企业在各大洲数量**

| 年份 | 洲别 | 亚洲 | 欧洲 | 北美洲 | 非洲 | 拉丁美洲 | 大洋洲 | 合计 |
|---|---|---|---|---|---|---|---|---|
| 2012 年 | 企业数(家) | 11 906 | 3 023 | 2 629 | 2 529 | 1 088 | 685 | 21 860 |
| | 比重(%) | 54.5 | 13.8 | 12 | 11.6 | 5 | 3.1 | 100 |
| 2017 年 | 企业数(家) | 22 078 | 4 195 | 5 928 | 3 413 | 2 236 | 1 355 | 39 205 |
| | 比重(%) | 56.3 | 10.7 | 15.1 | 8.7 | 5.7 | 3.5 | 100 |

### 3.2.2 OFDI 企业主要投资的国家及地区

中国企业对外直接投资的东道国高度集中，表 3.2 显示了 2009 年、2012 年、2017 年 OFDI 企业对外直接投资按流量分布的前十位国家(地区)。中国香港一直名列首位，且前十名的投资比重一直保持在 80%以上。根据表 3.2 所示，中国香港、开曼群岛、澳大利亚、卢森堡、英属维尔京群岛、新加坡、美国、加拿大、中国澳门、缅甸、瑞典、哈萨克斯坦、英国、委内瑞拉、印度尼西亚为中国企业境外直接投资的主要东道国(地区)。

我国对外直接投资的很大部分都投往了避税港地区，如中国香港、开曼群岛和英属维尔京群岛。中国对避税港投资的最终投资地通常都不是避税港本土，而是把避税港当成中转站，再投往第三国。中国对外直接投资众多并购项目通过中国香港地区再投资完成，如中国三峡集团公司收购葡萄牙电力公司 21.35%股权，中国石油化工集团公司收购葡萄牙高浦能源公司持有的高浦巴西和荷兰公司 30%股权，万达集团收购 AMC 公司股权等。这些国家(地区)都拥有较好的制度环境，有利于企业掌握与投资相关的环节，保障企业在当地的经济利益，投资的预测也相对准确。

中国对美投资快速增长。2009 年，中国对美国投资 9.09 亿美元，位列第七。至 2012 年，中国对美国投资 40.48 亿美元，同比增长 123.5%，美国成为继中国香港之后的中国第二大直接投资目的地。2016 年中国对美国投资 169.8 亿美元，境外企业雇用美国当地员工 9.1 万人。2017 年中国对美国投资 64.2 亿美元，同比下降 62.2%。中国对美国投资的领域广泛，投资所涉及行业主要包括制造业、信息传输/软件和信息技术服务业、房地产、文化/体育和娱乐业、租赁和商务服务业、科学研究和技术服务业。中国企业对美国的投资具有较强的寻求技术与市场动机。

澳大利亚也是中国企业境外直接投资的主要东道国。投资主要流向采矿业，2012 年，中国对澳大利亚采矿业投资 14.37 亿美元，占 66.1%；对农、林、牧、渔业投资 1.3 亿美元，占 6%。2017 年，中国对澳直接投资流量 42.4 亿美元，占流量总额的 2.7%，主要流向房地产与采矿业。由此可见中国企业在澳大利亚的投资具有较强的寻求资源动机。

中国对外直接投资亦大量流向了欧洲地区。2017 年，流向欧洲的投资 184.6 亿美元，创历史最高值，同比增长 72.7%，占当年对外直接投资流量的 11.7%，较

2016 年提升 6.3 个百分点。其中流量在 10 亿美元以上的国家分别是瑞士、德国、英国、俄罗斯、卢森堡、瑞典。2017 年，中国对欧盟投资 102.7 亿美元，同比增长 2.7%，主要投向的行业为制造业、租赁和商务服务业、科学研究和技术服务业等。

**表 3.2　中国非金融类对外投资额国家和地区分布前十名（流量）**（单位：亿美元）

| 名次 | 2009 年 | | 2012 年 | | 2017 年 | |
|---|---|---|---|---|---|---|
| | 国家/地区 | 投资额 | 国家/地区 | 投资额 | 国家/地区 | 投资额 |
| 1 | 中国香港 | 356 | 中国香港 | 512.8 | 中国香港 | 911.5 |
| 2 | 开曼群岛 | 53.66 | 美国 | 40.48 | 英属维尔京群岛 | 193 |
| 3 | 澳大利亚 | 24.36 | 哈萨克斯坦 | 29.96 | 瑞士 | 75.1 |
| 4 | 卢森堡 | 22.70 | 英国 | 27.75 | 美国 | 64.2 |
| 5 | 英属维尔京群岛 | 16.12 | 英属维尔京群岛 | 22.39 | 新加坡 | 63.1 |
| 6 | 新加坡 | 14.14 | 澳大利亚 | 21.73 | 澳大利亚 | 42.4 |
| 7 | 美国 | 9.09 | 委内瑞拉 | 15.42 | 德国 | 27.2 |
| 8 | 加拿大 | 6.13 | 新加坡 | 15.19 | 哈萨克斯坦 | 20.7 |
| 9 | 中国澳门 | 4.56 | 印度尼西亚 | 13.61 | 英国 | 20.7 |
| 10 | 缅甸 | 3.77 | 卢森堡 | 11.33 | 马来西亚 | 17.2 |
| 前十名总额 | | 510.53 | | 710.66 | | 1 435.1 |
| 前十名占比 | | 90.3% | | 81% | | 90.6% |

数据来源：2009 年、2012 年、2017 年各年度《中国对外投资统计公报数据》整理得出，下表同。

由上文分析可见，中国企业境外投资具有集群式发展的特征，企业倾向于选择与中国经贸关系密切的东道国（地区）。2009 年、2012 年、2017 年，按存量计算中国对外投资额排名前十位的国家及地区如表 3.3 所示。从存量上看，企业对外直接投资的国家（地区）仍高度集中，中国对外直接投资存量前十位的国家（地区）均占总存量的 80%以上。中国对外直接投资存量在某一国（地区）较高，表明该国（地区）市场需求较大，环境适宜我国企业发展，具有较好的投资前景。

2013 年中国倡导构建“一带一路”以来，“一带一路”沿线国家和地区越来越成为中国企业的投资热点。2003—2013 年，中国企业对“一带一路”沿线国家和地区的投资流量年增长 51%，明显高于其他国家和地区的投资增速。2015 年上半年中国企业对“一带一路”沿线 48 个国家和地区的投资总额合计 48.6 亿美元。2016 年，中国企

**表 3.3 中国非金融类对外投资额地区分布前十名(存量)** (单位:亿美元)

| 名次 | 2009 年 | | 2012 年 | | 2017 年 | |
|---|---|---|---|---|---|---|
| | 国家/地区 | 投资额 | 国家/地区 | 投资额 | 国家/地区 | 投资额 |
| 1 | 中国香港 | 1 644.99 | 中国香港 | 3 063.72 | 中国香港 | 9 812.66 |
| 2 | 维尔京群岛 | 150.61 | 维尔京群岛 | 308.51 | 开曼群岛 | 2 496.82 |
| 3 | 开曼群岛 | 135.77 | 开曼群岛 | 300.72 | 维尔京群岛 | 1 220.61 |
| 4 | 澳大利亚 | 58.63 | 美国 | 170.80 | 美国 | 673.81 |
| 5 | 新加坡 | 48.57 | 澳大利亚 | 138.73 | 新加坡 | 445.68 |
| 6 | 美国 | 33.38 | 新加坡 | 123.83 | 澳大利亚 | 361.75 |
| 7 | 卢森堡 | 24.84 | 卢森堡 | 89.78 | 英国 | 203.18 |
| 8 | 南非 | 23.07 | 英国 | 89.34 | 荷兰 | 185.29 |
| 9 | 俄罗斯 | 22.2 | 哈萨克斯坦 | 62.51 | 卢森堡 | 139.36 |
| 10 | 中国澳门 | 18.37 | 加拿大 | 50.51 | 俄罗斯 | 138.72 |
| 前十名总额 | | 2 160.43 | | 4 398.45 | | 15 677.88 |
| 前十名占比 | | 84.9% | | 81.8% | | 86.6% |

业对“一带一路”沿线 66 个国家和地区的七项核心基建领域投资总额逾 4 930 亿美元,其中中国占总量的三分之一。2017 年,中国境内投资者共对“一带一路”沿线的 57 个国家近 3 000 家境外企业进行了直接投资,涉及国民经济 17 个行业大类,当年累计投资 201.7 亿美元,同比增长 31.5%,占同期中国对外直接投资流量的 12.7%。未来,中亚、南亚和东南亚等国家的基础设施建设仍旧是中国公司海外投资的热点,矿产、能源等领域也会有较多的投资机会。除了这些受中国外交政策影响的投资区域以外,美国以及欧洲等发达国家由于良好的投资环境、先进的技术、优质的市场等因素仍会成为中国公司进行对外投资持续关注的热点。

## 3.3 中国对外直接投资企业的基本情况

上两节从宏观视角阐述了中国对外直接投资的规模、特征及区位分布。第三节详细分析中国对外直接投资者的构成。

### 3.3.1　OFDI 企业的类型构成

境外投资的主力军由国有企业逐步转向非国有企业。从投资存量上看，2006 年末，在非金融类存量中，国有企业占 81%。2017 年末，国有企业占54.3%，与 2006 年相比下降了两成多(图 3.2)。

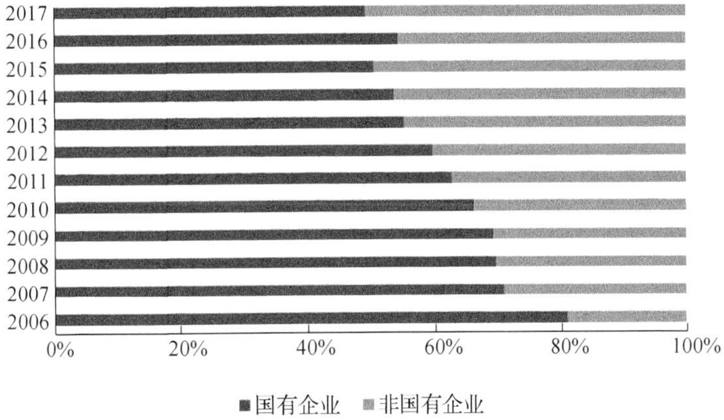


**图 3.2　2006—2017 年中国国有企业和非国有企业存量占比情况**

具体来看，2017 年末，在对外非金融类直接投资 16062.5 亿美元存量中，国有企业占 49.1%，较上年下降 5.2 个百分点；非国有企业占 50.9%，其中有限责任公司占 16.4%，股份有限公司占 8.7%，个体经营占 7.4%，私营企业占6.9%，港澳台商投资企业占 5.8%，外商投资企业占 3%，股份合作企业占0.5%，集体企业占 0.3%，其他占 1.9%。

从对外直接投资企业数目上看，有限责任公司所占比例最高，国有企业比重持续下降。2006 年有限责任公司所占比重为 33%，位于境内投资主体数量的首位；国有企业占整个境内投资主体的比重 26%，位于境内投资主体总数的第二位；私营企业位列第三(12%)。2009 年，中国对外直接投资者达 12 000 家，近六成的境内投资者为有限责任公司，国有企业仅占 13.4%，私营企业及股份有限公司分别占 7.5%与 7.2%。2012 年末，在 1.6 万家对外直接投资者中，有限责任公司占 62.7%，依然是中国境外投资者中最为活跃的群体；国有企业占9.1%，私营企业占 8.3%，股份有限公司为 7.4%。

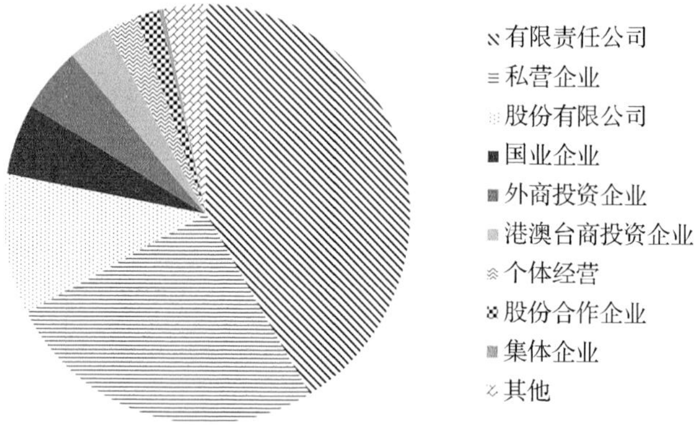


**图 3.3　2017 年末境内投资者按登记注册类型分类情况**

2017 年末，中国对外直接投资者达到 2.55 万家，有限责任公司占 41.4%，是中国对外投资占比最大、最为活跃的群体；私营企业占 25.7%，位列次席；股份有限公司占 10.9%；国有企业占 5.6%，外商投资企业占 5%(图 3.3)。

十余年来，中国国有企业海外投资比重持续下降，而有限责任公司与私营企业境外投资显著增加。中国对外直接投资已进入一个“新常态”：继续在目前的高水平上保持平稳增长，还会有更多企业尤其是私营民企对更多行业及国家(地区)进行投资，对象是一些优势项目，能够让中国企业向价值链的高端进发并提高企业在技术、产品开发、品牌和质量方面的核心竞争力。

### 3.3.2　OFDI 企业的来源地及行业分布

从对外直接投资企业数目上看，地方企业是跨境直接投资的主体。2009 年，在境外直接投资者(非金融类)中，地方(省市区)的投资者占总数目的 95.1%，而中央企业(单位)所占比重仅为 4.9%。2012 年，中央企业(单位)仅占非金融类对外直接投资者的 2.9%。2017 年，中央企业(单位)290 家，仅占 1.1%，各省市区的地方企业投资者占 98.9%。境内投资者数量前十位的省市区依次为：广东、浙江、江苏、上海、北京、山东、福建、辽宁、湖南、天津，共占境内投资者总数的 79%。广东省境内投资者数量最多，超过 5 600 家，占 22.1%；其次为浙江省，占 11.9%；江苏省位列第三，占 10.2%。

从境内投资者行业分布看：(1) 以制造业、批发和零售业为主。2012 年制造业、批发和零售业的企业超过 1.1 万家，占境内投资者总数的七成。2017 年制造业、批发和零售业共计 1.5 万家，占到境内投资者总数的 58.8%，其中制造业位列首位，主要分布在计算机/通信和其他电子设备制造业、专用设备制造业、纺织服装/装饰业、纺织业等。(2) 信息传输/软件和信息技术服务业、科学研究和技术服务业投资者增长迅猛。2012 年信息服务业投资者 304 家；2017 年为 1 532 家，占比 6%。(3) 采矿业、农业等传统行业投资者增长缓慢、比重低。2012 年与2016 年采矿业投资者均为 500 多家，占比低于 3%。

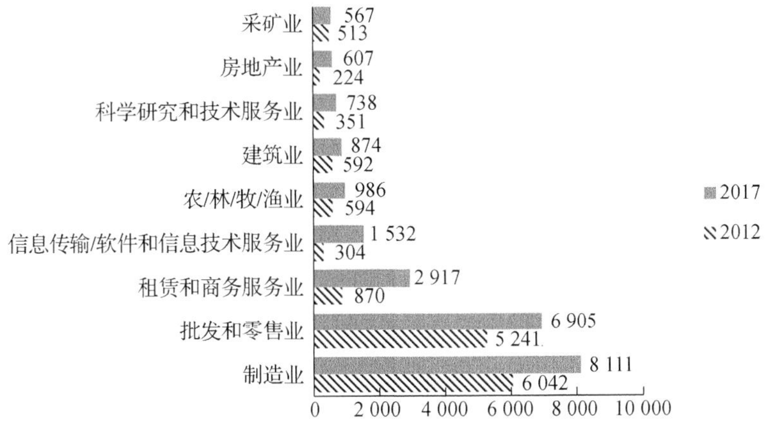


**图 3.4　按行业分类的中国境内投资企业家数(单位:家)**

### 3.3.3　对外直接投资的主要企业

对外直接投资额高的企业主要为国企，且以资源寻求型为主。表 3.4 报告了 2009 年、2012 年、2017 年按对外直接投资存量(非金融类)排序的中国企业前十强。由表 3.4 可见，2009 年及 2012 年位列前三名的企业一直为中国石油化工集团公司、中国石油天然气集团公司、中国海洋石油总公司。这三家公司均为中国大型国有企业，其跨国直接投资的动机以石油开采、从事石油产品贸易及相关项目合作等。2009 年、2012 年、2017 年前十强中的其他企业也均为大型国有企业，且部分企业亦拥有较强的资源寻求动机，如中国铝业公司、中国中化集团公司等。

**表 3.4　中国非金融类对外直接投资存量排名前十家公司**

| | 2009 年 | 2012 年 | 2017 年 |
|---|---|---|---|
| 1 | 中国石油天然气集团公司 | 中国石油化工集团公司 | 中国移动通信集团公司 |
| 2 | 中国海洋石油总公司 | 中国石油天然气集团公司 | 中国石油天然气集团公司 |
| 3 | 中国石油化工集团公司 | 中国海洋石油总公司 | 中国联合网络通信集团 |
| 4 | 中国铝业公司 | 中国移动通信集团公司 | 中国海洋石油公司 |
| 5 | 华润(集团)有限公司 | 华润(集团)有限公司 | 中国石油化工集团公司 |
| 6 | 中国远洋运输总公司 | 中国远洋运输总公司 | 中国招商局集团 |
| 7 | 中粮集团有限公司 | 中国铝业公司 | 华润(集团)有限公司 |
| 8 | 中国中化集团公司 | 中国中化集团公司 | 中国化工集团公司 |
| 9 | 招商局集团有限公司 | 招商局集团有限公司 | 中国中化集团公司 |
| 10 | 中国航空集团公司 | 中国建筑工程总公司 | 中国铝业集团有限公司 |

表 3.5 显示了按境外企业销售收入排序的中国企业前十强。与表 3.4 类似，前十家公司仍以国有企业为主。其中中国石油化工集团公司在 2009 年、2012 年、2015 均位列境外企业销售收入榜首。榜单上企业仍以大型国有能源化工企业为主，如中国石油天然气集团公司、中国中化集团公司、中国海洋石油总公司等。除大型国有能源型企业之外，科技型企业在海外投资市场上也表现突出。2009 年民营通信科技公司中的华为技术有限公司位列榜单第六位。2012 年与 2015 年联想控股有限公司位列榜单第七位。

**表 3.5　中国非金融类境外企业销售收入排名前十家公司**

| | 2009 年 | 2012 年 | 2015 年 |
|---|---|---|---|
| 1 | 中国石油化工集团公司 | 中国石油化工集团公司 | 中国石油化工集团公司 |
| 2 | 中国石油天然气集团公司 | 中国石油天然气集团公司 | 中国石油天然气集团公司 |
| 3 | 中国中化集团公司 | 中国中化集团公司 | 中国移动通信集团公司 |
| 4 | 华润(集团)有限公司 | 华润(集团)有限公司 | 华润(集团)有限公司 |
| 5 | 中国海洋石油总公司 | 中国海洋石油总公司 | 中国海洋石油总公司 |
| 6 | 华为技术有限公司 | 中国联合网络通信有限公司 | 中国中化集团公司 |
| 7 | 联想控股有限公司 | 联想控股有限公司 | 联想控股有限公司 |

续表

| | 2009 年 | 2012 年 | 2015 年 |
|---|---|---|---|
| 8 | 中国远洋运输总公司 | 中国远洋运输总公司 | 中国建筑工程总公司 |
| 9 | 中粮集团有限公司 | 中粮集团有限公司 | 中国石油化工股份有限公司 |
| 10 | 中国建筑工程总公司 | 上海吉利招远国际投资公司 | 上海吉利招远国际投资公司 |

## 3.4　中国对外投资并购情况

对外投资并购指境外的企业或个人收购境内公司的股权或境内公司收购境外企业的股权。境外并购是对外直接投资的一个重要方式，是企业进行资源整合和实现快速扩张的重要途径之一。2008 年金融危机以来，尽管世界经济复苏前景不容乐观、全球对外直接投资呈现下滑趋势，但中国企业正在以前所未有的势头进行海外并购。推动中国企业海外并购热潮的主要外在动因在于世界经济格局正在发生深刻变化。在世界经济新格局的背景下，中国企业海外并购体现为并购增长的“高速化”、并购行业的“多样化”和并购区域的“广泛化”等趋势。

### 3.4.1　中国对外投资并购规模变化

中国对外投资并购交易数量和金额增长速度都令世界瞩目。从广袤无垠的非洲到浪漫迷情的欧洲，从美丽富饶的大洋洲到活力四射的美洲，全球各地都能发现“中国买家”的身影。2008 年的金融危机是中国企业积极参与海外并购的起点。2008 年全球金融危机让欧美等地区经济发展和金融体系受到冲击，中国企业意识到了这一机会，开始积极在海外市场寻找投资并购机会。来自中国的企业家、财务投资者成为国际交易市场的常客。如表 3.6 所示，2007 年中国企业宣布的跨境交易金额仅 63 亿美元；2016 年中国海外投资并购投资交易总额达到 1 353.3 亿美元[①]，中国企业的海外并购额超过德国（18%）和美国（12%），位居首位。2017 年中国企业对外投资并购依旧活跃，共实施完成并购 431 起，涉及 56 个国家（地区），实际交易总额 1196.2 亿美元。

① 注：2012—2016 年并购金额包括境外融资部分，比重为直接投资占当年流量的比重。

表 3.6　2007—2016 年中国对外直接投资并购情况　（单位：亿美元）

| 年份 | 2007 年 | 2008 年 | 2009 年 | 2010 年 | 2011 年 | 2012 年 | 2013 年 | 2014 年 | 2015 年 | 2016 年 | 2017 年 |
|---|---|---|---|---|---|---|---|---|---|---|---|
| 金额 | 63.0 | 302.0 | 192.0 | 297.0 | 272.0 | 434.0 | 529.0 | 569.0 | 544.4 | 1 353.3 | 1 196.2 |
| 同比(%) | −23.6 | 379.4 | −36.4 | 54.7 | −8.4 | 59.6 | 21.9 | 7.6 | −4.3 | 148.6 | −11.6 |
| 比重(%) | 23.8 | 54.0 | 34.0 | 43.2 | 36.4 | 31.4 | 31.3 | 26.4 | 25.6 | 44.1 | 21.1 |

2016 年是中国企业对外投资并购最为活跃的年份，共实施完成并购项目 765 起，涉及 74 个国家（地区），实际交易总额 1 353.3 亿美元，其中直接投资① 865 亿美元，占并购总额的 63.9%，占当年中国对外直接投资总额的 44.1%；境外融资 488.3 亿美元，占并购金额的 36.1%。中国信达资产管理股份有限公司以 88.8 亿美元收购南洋商业银行 100%股份，是 2016 年中国企业“走出去”战略实施的最大海外并购项目。以往以国企占多数的海外并购，也逐渐演变成民企唱“主角”。数据显示，2017 年一季度的海外并购交易，83%是由民营企业参与发起；上市公司成为发起跨境并购的主力军，而且大额的海外并购通常是由上市公司发起。

### 3.4.2　中国对外投资并购行业构成

中国对外投资并购行业构成从过去的以资源能源领域和制造业为中心逐步转向高科技、医疗和零售等行业。中国“自然资源寻求型”和“贸易便利型”驱动的对外直接投资在欧美地区并没有占据主导地位，而是集中在更多行业，第三产业备受青睐。2015 年中国企业在能源和原材料领域的并购有所下降，在金融业、制造业、高科技、娱乐、房地产等领域的投资并购均有大幅提高。如表 3.7 所示，从 2016 年并购金额上看，制造业 301.1 亿美元，同比增长 119.5%，位居首位，涉及 200 个项目；信息传输/软件和信息技术服务业 264.1 亿美元，同比增长 214%，位列次席；交通运输/仓储和邮政业 137.9 亿美元，同比增长 756.5%，位居第三位；电力/热力/燃气及水的生产和供应业 112.1 亿美元，同比增长 28.5 倍，位居第四位。上述四个行业中，交易金额最大的项目分别是青岛海尔股份有限公司以 55.8 亿美元收购美国通用电气公司家电业务项目、腾讯控股有限公司等以 41 亿美元收购芬兰 Supercell 公司 84.3%股权、天津天海物流投资管理有限公司以 60.1 亿美元收购

① 指境内投资者或其境外企业收购项目的款项来源于境内投资者的自有资金、境内银行贷款（不包括境内投资者担保的境外贷款）。

美国英迈国际公司、中国长江三峡集团以37.7亿美元收购巴西朱比亚水电站和伊利亚水电站30年经营权项目，它们也成为截至2016年底中国企业在制造、信息传输/软件和信息技术服务、交通运输/仓储和邮政、电力生产和供应领域最大的对外投资并购项目。2017年中国企业对外投资并购涉及制造业、采矿业、电力/热力/燃气及水的生产和供应业等18个行业大类。从并购金额上看，制造业607.2亿美元，是上年的2倍，居首位，涉及163个项目。采矿业114.1亿美元，同比增长52.1%，居次席；中石油集团与华信集团收购阿布扎比国家石油公司12%股权是该领域年度最大金额并购项目。国家电网公司收购巴西CPFL项目是该领域年度最大金额并购项目。

**表3.7 2016—2017年我国对外投资并购行业构成**

| 行业类别＼年份 | 2016年 | | | 2017年 | | |
|---|---|---|---|---|---|---|
| | 数量（起） | 金额（亿美元） | 金额占比（%） | 数量（起） | 金额（亿美元） | 金额占比（%） |
| 制造业 | 200 | 301.1 | 22.3 | 163 | 607.2 | 50.8 |
| 信息传输/软件和信息技术服务业 | 109 | 264.1 | 19.5 | 42 | 61.2 | 5.1 |
| 交通运输/仓储和邮政业 | 21 | 137.9 | 10.2 | 13 | 55.8 | 4.7 |
| 电力/热力/燃气及水的生产和供应业 | 17 | 112.1 | 8.3 | 30 | 101.9 | 8.5 |
| 金融业 | 13 | 97.9 | 7.2 | 4 | 34.2 | 2.9 |
| 租赁和商务服务业 | 77 | 95.3 | 7.0 | 38 | 63.1 | 5.3 |
| 房地产业 | 59 | 92.7 | 6.8 | 9 | 25.2 | 2.1 |
| 采矿业 | 29 | 75.0 | 5.5 | 22 | 114.1 | 9.5 |
| 住宿和餐饮业 | 15 | 54.7 | 4.0 | 1 | 65 | 5.4 |
| 文化/体育和娱乐业 | 22 | 44.1 | 3.3 | 5 | 5.8 | 0.5 |
| 批发和零售业 | 82 | 28.2 | 2.1 | 45 | 31.2 | 2.6 |
| 科学研究和技术服务业 | 53 | 24.5 | 1.8 | 28 | 11.2 | 0.9 |
| 卫生和社会工作 | 4 | 8.1 | 0.6 | 5 | 11.7 | 1 |
| 农/林/牧/渔业 | 33 | 6.7 | 0.5 | 13 | 8.1 | 0.7 |

续表

| 行业类别＼年份 | 2016 年 | | | 2017 年 | | |
|---|---|---|---|---|---|---|
| | 数量（起） | 金额（亿美元） | 金额占比（%） | 数量（起） | 金额（亿美元） | 金额占比（%） |
| 教育 | 10 | 4.7 | 0.3 | 3 | 0.1 | 0.000 08 |
| 水利/环境和公共设施管理 | 8 | 3.3 | 0.2 | 3 | 0.3 | 0.000 25 |
| 居民服务/修理和其他服务 | 6 | 2.1 | 0.2 | 4 | 0.1 | 0.000 08 |
| 建筑业 | 7 | 0.8 | 0.1 | 3 | 0.2 | 0.000 17 |
| 总计 | 765 | 1 353.3 | 100.0 | 431 | 1 196.2 | 100 |

### 3.4.3 中国对外投资并购地区分布

从地区布局上看，发达经济体持续成为投资热点。2014 年，流向发达经济体的投资为 238.3 亿美元，较 2013 年实现了 72.3%的高速增长。其中对欧盟直接投资 97.87 亿美元，同比增长 116.3%；对美投资 75.96 亿美元，同比增长 96%。2016 年，中国对美国的投资创历史最高值，实际交易金额 354 亿美元。发达国家已成为中国企业对外投资的首选投资目的地。中国企业通过对美国和欧洲等发达经济体的投资并购能够获得技术、创新与市场，借此得到在国际市场上运营所需的核心资产和技术。

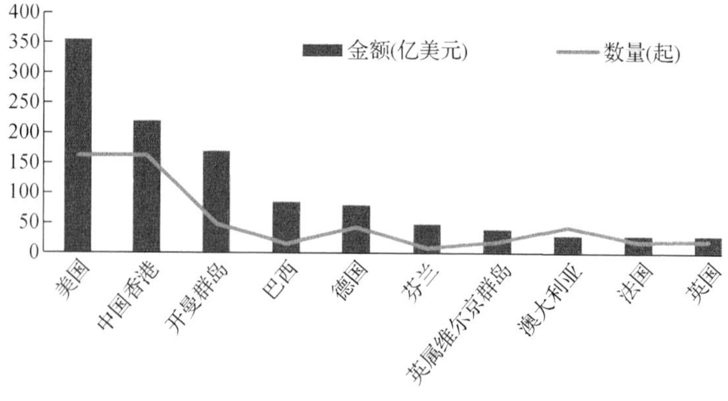


图 3.5　2016 年中国企业对外投资并购十大目的地(按并购金额)

2016 年中国企业对外投资并购分布在全球 74 个国家(地区)。从实际并购金额看，美国、中国香港、开曼群岛、巴西、德国、芬兰、英属维尔京群岛、澳大利亚、法国和英国位列前十(图 3.5)。其中，中国企业共对美实施并购项目 164 起，实际交易金额 354 亿美元，主要分布在制造、交通运输和仓储、软件和信息技术服务、房地产、文化娱乐等领域。其中包括海航的天津天海物流投资管理有限公司以 60.1 亿美元收购美国英迈国际、青岛海尔股份有限公司以 55.8 亿美元收购美国通用电气公司家电业务项目、万达集团以 28 亿美元收购美国传奇影业、艾派克集团以 27 亿美元收购利盟国际、海航集团以 18.8 亿美元收购卡尔森酒店集团等。中国企业共实施对中国香港地区企业的并购 164 起，中国企业通过其在中国香港地区设立的平台公司进行再投资并购活跃，如青岛海尔股份有限公司以 55.8 亿美元收购美国通用电气公司家电业务、腾讯等公司以 41 亿美元收购芬兰 Supercell 公司 84.3% 股份、三峡集团以 37.73 亿美元收购巴西朱比亚水电站和伊利亚水电站 30 年经营权项目等均是通过再投资完成的。2017 年中国企业对外投资并购分布在全球 56 个国家(地区)，从实际并购金额看，瑞士、美国、德国、巴西、英国、印度尼西亚、中国香港、澳大利亚、阿拉伯联合酋长国和新加坡位列前十。

“一带一路”倡议的提出给中国企业“走出去”提供了良好的发展机会，同时也推进了跨国经营与海外并购等行为。2016 年中国企业对“一带一路”沿线国家并购项目 115 起，并购金额 66.4 亿美元，占并购总额的 4.9%。其中，马来西亚、柬埔寨、捷克等国家吸引中国企业并购投资超过 5 亿美元。“一带一路”沿线的海外并购中，上市公司也是主力军。中资在“一带一路”沿线 64 国的海外并购主要由上市公司发起，占交易总数的 68.98%，共计约 704.58 亿美元，占披露总金额的 68.94%。在这些上市公司中，沪深两市的上市公司是主力军，合计发起了 100 宗海外并购交易，其中 81 宗披露了金额，共计约 353.36 亿美元[①]。从海外并购的发展历程来看，中国企业在全球舞台上扮演着越发重要的角色，正从过去那种单纯跟进和被动适应的状态，向着大力参与、主动发声、积极引导的方向转变。2017 年中国企业对“一带一路”沿线国家实施并购项目 76 起，并购金额 162.8 亿美元，占并购总额的 13.6%。其中印度尼西亚、阿拉伯联合酋长国、新加坡、印度、以色列、俄罗斯等国家吸引中国企业并购投资超 10 亿美元。

① 源于《2014—2017 中资“一带一路”沿线国家投资并购发展报告》

# 第4章 企业异质性与对外直接投资战略

Helpman、Melitz、Yeaple 研究发现，因生产成本的差异，生产率较低的企业仅在国内生产和销售，生产率中等的企业选择出口服务国外市场，生产率最高的企业才会进行跨国直接投资，即 HMY 模型。本章在 HMY 模型的基础上进行扩展，将企业异质性包含全要素生产率及市场控制力的差异。除企业生产率外，企业的市场控制力也是企业自身资源与能力的重要体现，是企业利润的主要来源。在理论分析的基础上，本章采用 K-S 检验、probit 估计等方法实证考察企业异质性对其境外直接投资战略（是否开展对外直接投资）的影响。

## 4.1 异质性 HMY 模型及扩展

Melitz 采用异质企业模型解释企业的出口决策，Helpman 等人在 Melitz 的研究基础上引入对外直接投资决策，指出较低生产率的企业仅在国内生产和销售，中等生产率的企业选择出口服务国外市场，最高生产率的企业才会进行跨国直接投资，即 HMY 模型（Helpman-Melitz-Yeaple Model）。

### 4.1.1 HMY 模型的基本思想

传统的近似度-集中权衡（Proximity-Concentration Tradeoff）模型解释了企业在出口和外国直接投资（FDI）之间的选择。厂商的规模报酬递增创造了生产的集聚效应，生产和销售之间距离导致的交易成本产生了建立境外子公司的抗衡力。

行业层面的数据支持了近似度-集中权衡模型，但该模型并不能解释部门内异质企业的行为。在 Helpman 等人的模型中，每个行业内的企业有异质的生产力水平。企业根据下列顺序做出决定：为了进入某行业，潜在进入者支付沉没成本 $f_E$，并从已知的分布 $G(a)$随机分配一个生产力（以单位产出的劳动投入系数表示）。公司随后也可能会选择离开市场，在这种情况下，则产生负的事后营业收入 $\pi=-f_E$，或支付在国内生产的额外固定成本 $f_D$。支付固定成本 $f_D$后，企业在国内产生一种独特的差异性产品，其边际劳动成本等于劳动生产效率 $a$。企业的国际化选择取决于以下参数：出口将产生额外的固定费用 $f_X$（冰山运输成本 $\tau>1$），设境外子公司将产生更高的固定成本 $f_I$。在国外建立子公司则不产生单位运输成本，并且使用与国内相同的生产效率 $a$。由于在模型中有区别的固定成本和边际成本假设，国外的销量在确定企业最佳国际化程度中起着至关重要的作用。假设两个国家的工资相等，消费者偏好为连续替代弹性(CES)，对于不同产品的替代弹性为 $1/(1-\alpha)$。在垄断竞争市场，不同企业在同一国家以 $p=a/\alpha$ 定价，在不同国家则考虑到运输成本以 $p=\tau a/\alpha$ 定价。需求函数为 $D^i=A^i p^{1/(\alpha-1)}$，其中 $A^i$为 $i$ 国的市场规模。因此，无论企业如何决策，其在该市场的销量将是其生产力的一个严格增函数。由于公司收取统一的价格加成从而获取正的营业收入，销量决定了企业弥补固定成本的能力并导致了不同国际化选择。在国内生产将产生固定费用 $f_D$。只有生产能力超过一定的阈值，企业的预期销售足够大才可能足以弥补 $f_D$。低于这个生产力阈值的企业将不进入市场。仅在国内生产的企业将发觉通过出口服务于国外市场无利可图：因为由于运输成本，在这个市场上它将面临更高的边际成本，而其销量无法弥补出口导致的额外固定费用。同样的道理，该企业无法支付 $f_I>f_X$。一部分企业达到了出口的生产率阈值，但未达到对外直接投资的阈值，则选择出口而非进行跨国投资。进一步地，企业对外直接投资决策也将面临一个生产力的门槛值，其预期在国外市场的销量足够支付较高的固定费用 $f_I$（而非单位运输成本）才会选择建立海外子公司。这是企业层面的近似度-集中权衡，该均衡取决于企业生产率。因此，该模型预测三个明确的生产力门槛值：其中一个决定公司在国内生产，第二个为向国外出口，而第三个则在境外开展直接投资。生产率水平高于最高门槛值的企业才会从事对外直接投资，生产率稍低的企业出口但不设立国外分支机构，生产率更低的企业仅在国内生产与销售。即企业参与国际市场程度严格依据其生产率水平。

### 4.1.2 HMY 模型的扩展

在 HMY 模型中，企业是否对外直接投资取决于企业在国外市场的销量，而这又仅是企业劳动生产率的函数，即企业异质性体现于企业劳动生产率的差异。事实上，企业生产率仅是异质性的一方面，企业在其他方面也可能存在显著差异。本节在 HMY 模型的基础上进行扩展，将企业异质性体现于全要素生产率及价格比率的差异。全要素生产率体现了企业的规模经济、X-效率及技术变化，而价格比率部分体现了市场状况、管制及运用市场力①。基本假设如下：

假设存在 $N+1$ 个国家：母国 $i$ 及 $N$ 个东道国 $j$，记为 $j=1,2,3,\cdots,N$。每个国家均由两部门组成：生产同质产品与生产异质产品部门。收入的一小部分 $\beta_h$ 用于生产差异化的产品，$1-\sum_h \beta_h$ 用于生产同质化的产品。母国 $i$ 有 $L_i$ 单位的劳动，$\sum_h \beta_h$ 足够小且各国 $L$ 的差异微小，使得每个国家均能生产同质性产品。部门 $B$ 企业生产差异产品并有不同的生产率水平 $\varsigma$，企业生产率为连续的累积分布函数 $G(\varsigma)$。各企业拥有不同的价格比率 $\psi$ 源于连续的累积分布函数 $H(\psi)$。首先，$i$ 国企业需要支付观测成本 $f_E$，即收集信息等决定是否进入市场。若 $i$ 国企业选择在国内生产和销售，需要支付生产的固定成本为 $f_d$；若选择出口则需支付额外的固定成本 $f_{ex}$；若企业选择在 $j$ 国建立子公司，企业需要支付额外的固定成本 $f_{OFDI}$。$f_{ex}$ 为在国外市场销售及服务的费用，$f_{OFDI}$ 包括形成销售和服务网络的成本，以及建立外国附属公司的费用。若企业选择出口策略，则必定产生一单位的冰山运输成本 $\tau_{ij}$，$\tau_{ij}>1$。

消费者效用函数为标准的 CES 形式，即

$$u=\left(1-\sum_{h=1}^{H}\beta_h\right)\log z+\sum_{h=1}^{H}\frac{\beta_h}{\alpha_h}\log\left(\int_{v\in V_h}x_h(v)^{\alpha_h}\,\mathrm{d}v\right)$$

其中，$z$ 为同质品的消费量，$x_h(v)$ 是 $h$ 部门的异质品 $v$ 的消费量，$V_h$ 是 $h$ 部门的产品集。此时，替代弹性为 $\varepsilon=1/(1-\alpha)>1$。对 $i$ 国每种品牌产品的需求函数为 $A^i p^{-\varepsilon}$②。在垄断竞争市场中，$i$ 国国内产品定价为 $p=\varsigma\,\psi/\alpha$。由于存在运输成本，

① Salerian 指出价格指数的比率 $PR(t)=R(t)/W(t)$，即 $t$ 期总收入/$t$ 期产出的总价格指数。他认为价格比率是企业利润的主要组成部分，与 TFP 一样是企业能力的重要体现。

② $A^i=\dfrac{\beta E^i}{\int_0^{n^i}p^i(v)^{1-\varepsilon}\,\mathrm{d}v}$，其中 $E^i$ 为 $i$ 国总支出，$n^i$ 为异质产品数，$p$ 为产品 $v$ 的价格。

进口产品的价格高于国内产品的价格为 $\tau_{ij}\varsigma\psi/\alpha$。$i$ 国企业可在国内生产与销售，也可通过出口或对外直接投资服务于国外市场 $j$。出口与跨国投资的权衡在于：相对于出口，OFDI 节约了运输成本，但却增加了固定成本。在均衡条件下，企业仅选择一种方式服务国际市场。相对于在国内，跨国公司在国外更难获取购买新设备建立新厂房等信息，并且受到语言文化差异、法律体系的障碍，以致跨国公司在国外生产的固定成本相对在国内生产要高。则 $f_{odi}>(\tau_{ij})^{\varepsilon-1}f_{ex}>f_d$。在国内市场生产与销售的营业收入为 $\pi_d^i=(\varsigma\psi)^{1-\varepsilon}(1-\alpha)A^i/\alpha^{1-\varepsilon}-f_d$。通过出口服务 $j$ 国市场将得到额外的收益，$\pi_{ex}^{ij}=(\tau_{ij}\varsigma\psi)^{1-\varepsilon}(1-\alpha)A^j/\alpha^{1-\varepsilon}-f_{ex}$。而通过对外直接投资的额外收益为，$\pi_{odi}^j=(\varsigma\psi)^{1-\varepsilon}(1-\alpha)A^j/\alpha^{1-\varepsilon}-f_{odi}$。由于 $\varepsilon=1/(1-\alpha)>1$，这三个方程均显示了，无论是在国内或国外市场，生产率及市场能力越强的企业能获得越高的营业收入。

## 4.2　异质性与对外投资战略

### 4.2.1　企业异质性与对外直接投资门槛值

当国家 $i$ 和国家 $j$ 需求水平相同时，由于对外直接投资的固定成本高于国内生产的固定成本，对外直接投资的营业收入较低。同理，$\pi_{odi}^j$ 的斜率小于 $\pi_{ex}^{ij}$。结合不等式 $f_{odi}>(\tau_{ij})^{\varepsilon-1}f_{ex}>f_d$，$\varsigma\psi$ 低的企业通过出口服务国外市场比 OFDI 更有利可图。即 $(\varsigma\psi_{odi})^{1-\varepsilon}>(\varsigma\psi_{ex})^{1-\varepsilon}$ 使一些企业向 $j$ 国出口，而 $(\varsigma\psi_{ex})^{1-\varepsilon}>(\varsigma\psi_d)^{1-\varepsilon}$ 使一些企业仅在国内市场生产与销售。

$\varsigma\psi$ 最低的企业预期获得经营营业收入为负，因此退出市场。记 $(\varsigma\psi_d)^{1-\varepsilon}$ 为门槛值，即在国内生产与销售营业收入为零。企业能力处于 $(\varsigma\psi_d)^{1-\varepsilon}$ 与 $(\varsigma\psi_{ex})^{1-\varepsilon}$ 之间时，企业在国内市场销售将获得正营业收入，但预计出口或 OFDI 将亏损，因此其将选择仅仅服务于国内市场。当企业能力高于 $(\varsigma\psi_{ex})^{1-\varepsilon}$ 时，其能通过出口获利。而高于 $(\varsigma\psi_{odi})^{1-\varepsilon}$ 的企业通过 OFDI 能获得更高的营业收入。因此，位于 $(\varsigma\psi_{ex})^{1-\varepsilon}$ 与 $(\varsigma\psi_{odi})^{1-\varepsilon}$ 之间的企业采用出口战略，而高于 $(\varsigma\psi_{odi})^{1-\varepsilon}$ 的企业将在 $j$ 国建立子公司。$(\varsigma\psi_d)^{1-\varepsilon}$、$(\varsigma\psi_{ex})^{1-\varepsilon}$ 与 $(\varsigma\psi_{odi})^{1-\varepsilon}$ 的门槛值源于以下方程：

$$(\varsigma\psi_d)^{1-\varepsilon}(1-\alpha)A^i/\alpha^{1-\varepsilon}=f_d \tag{4.1}$$

$$(\tau_{ij}\varsigma\,\psi_{ex})^{1-\varepsilon}(1-\alpha)A^j/\alpha^{1-\varepsilon}=f_{ex} \tag{4.2}$$

$$(\varsigma\,\psi_{odi})^{1-\varepsilon}(1-\alpha)A^j/\alpha^{1-\varepsilon}=f_{odi} \tag{4.3}$$

其中 $i\neq j$。自由进入市场确保潜在进入者预期的经营营业收入和进入成本相等。即，

$$\begin{aligned}&V(\varsigma\,\psi_d)^{1-\varepsilon}(1-\alpha)A^i/\alpha^{1-\varepsilon}+\sum_{j\neq i}[1-(\tau_{ij})^{1-\varepsilon}]V(\varsigma\,\psi_{odi})^{1-\varepsilon}(1-\alpha)A^i/\alpha^{1-\varepsilon}\\&+\sum_{j\neq i}(\tau_{ij})^{1-\varepsilon}V(\varsigma\,\psi_{ex})^{1-\varepsilon}(1-\alpha)A^j/\alpha^{1-\varepsilon}-G(\varsigma\,\psi_d)f_d-\sum_{i\neq j}G(\varsigma\,\psi_{ex})f_{ex}\\&-\sum_{i\neq j}G(\varsigma\,\psi_{odi})(f_{odi}-f_{ex})=f_E\end{aligned} \tag{4.4}$$

由以上方程可得出各国$\varsigma\,\psi_d$、$\varsigma\,\psi_{ex}$、$\varsigma\,\psi_{odi}$与需求水平$(1-\alpha)A^i/\alpha^{1-\varepsilon}$的隐式解。明显地，这些解不依赖于国家规模变量(除非在国家规模的变化足够大，致使一些国家专门的差异化产品)。此外，也可以允许固定成本系数变化，只要该变化不导致一些国家停止服务国际市场。

为了进行实证检验，首先考察一种特殊情况，利用不同国家的某些对称性以简化模型。假设，固定成本函数、分布函数 $G(\cdot)$ 与 $H(\cdot)$在每一个国家相同，单位产品运输成本对每个国家亦相同，即 $\tau_{ij}=\tau>1$。这些限制存在于每一个部门，但各国的规模是差异化的。此时，各国的$(1-\alpha)A/\alpha^{1-\varepsilon}$均相同。此时分布函数 $G(\cdot)$与 $H(\cdot)$存在均衡解，且在每一个国家相同。$1/\varsigma\,\psi_d$ 右侧的企业为幸存企业，$1/\varsigma\,\psi_d$ 与 $1/\varsigma\,\psi_{ex}$之间的企业仅服务于国内市场，$1/\varsigma\,\psi_{ex}$ 与 $1/\varsigma\,\psi_{odi}$ 间的企业出口，而 $1/\varsigma\,\psi_{odi}$ 右侧的企业进行跨国直接投资。

当确定了$\varsigma\,\psi_d$、$\varsigma\,\psi_{ex}$、$\varsigma\,\psi_{odi}$与需求水平$(1-\alpha)A^i/\alpha^{1-\varepsilon}$，则可由各国的规模得出进入企业数。进入 $i$ 国 $h$ 部门的企业数为，

$$(1-\alpha)A/\alpha^{1-\varepsilon}=\frac{1-\alpha}{\alpha^{1-\varepsilon}}A=\frac{(1-\alpha)\beta E^i}{\alpha^{1-\varepsilon}\int_0^{n^i}p^i(v)^{1-\varepsilon}\mathrm{d}v} \tag{4.5}$$

其中 $E^i$为 $i$ 国总支出，$n^i$为异质产品数，$p$ 为产品 $v$ 的价格，由于在均衡下营业收入为零，支出等于收入。据上式可能 $i$ 国企业数是以下线性方程组的解，

$$\begin{bmatrix}v_D & v_{IX} & \cdots & v_{IX}\\ v_{IX} & v_D & \ddots & \vdots\\ \vdots & \ddots & \ddots & v_{IX}\\ v_{IX} & \cdots & v_{IX} & v_D\end{bmatrix}\begin{bmatrix}n_E^1\\ n_E^2\\ \vdots\\ n_E^N\end{bmatrix}=\frac{(1-\alpha)\beta}{(1-\alpha)A/\alpha^{1-\varepsilon}}\begin{bmatrix}L^1\\ L^2\\ \vdots\\ L^N\end{bmatrix}$$

其中 $v_D = V(\varsigma\,\psi_d) > v_{IX} = V(\varsigma\,\psi_{odi}) + \tau^{1-\varepsilon}[V(\varsigma\,\psi_{ex}) - V(\varsigma\,\psi_{odi})]$。则有，

$$n_E^i = \frac{(1-\alpha)\beta}{(1-\alpha)A/\alpha^{1-\varepsilon}\det(\upsilon)}\left\{[(N-1)v_{IX} + v_D]L^i - v_{IX}\sum_j L^i\right\} \tag{4.6}$$

其中 $\det(\upsilon)$ 为矩阵 $\upsilon$ 的行列式，$v_D$ 为对角元素，$v_{IX}$ 为非对角元素。因 $v_D > v_{IX} > 0$，行列式必为正。明显地，当所有国家规模相同时，$n_E^i$ 为正。假设国家间规模的差异较少，使得对于每个国家 $n_E^i > 0$。

### 4.2.2 企业异质性与市场份额

方程(4.6)意味着更多的企业进入规模更大国家，当 $L^i > L^j$，则 $n^i/L^i > n^j/L^j$。也就是说，对于不同的国家，企业数随国家的大小同比例变化。由于门槛值 $\varsigma\,\psi_d$、$\varsigma\,\psi_{ex}$、$\varsigma\,\psi_{odi}$ 及分布函数 $G(\cdot)$ 与 $H(\cdot)$ 在每一个国家相同，退出的企业数、只服务于国内市场的企业数、出口企业数及跨国投资的企业数均与企业总数成正比。此外，需求水平系数在各国也相同，因此总销售额国别差异与企业数也成比例。则国内市场的销售额、出口额与境外子公司的销售额均与 $n_E^i$ 成正比。

令 $\sigma_d^i$ 为国内企业在 $i$ 国的市场份额，$\sigma_{ex}^i$ 为国外出口商在 $i$ 国的市场份额，$\sigma_{odi}^i$ 为国外子公司在 $i$ 国的市场份额。这三者的和为1，则，

$$\sigma_d^i = \frac{(1-\alpha)A/\alpha^{1-\varepsilon}V(\varsigma\,\psi_d)}{(1-\alpha)\beta}\frac{n_E^i}{L^i}$$

$$\sigma_{ex}^i = \frac{\tau^{1-\varepsilon}(1-\alpha)A/\alpha^{1-\varepsilon}[V(\varsigma\,\psi_{ex}) - V(\varsigma\,\psi_{odi})]}{(1-\alpha)\beta}\frac{\sum_{j\neq i} n_E^i}{L^i}$$

$$\sigma_{odi}^i = \frac{(1-\alpha)A/\alpha^{1-\varepsilon}V(\varsigma\,\psi_{odi})}{(1-\alpha)\beta}\frac{\sum_{j\neq i} n_E^i}{L^i}$$

其中 $\sigma_d^i + \sigma_{ex}^i + \sigma_{odi}^i = 1$。此时，$i$ 国的规模越大，国内企业所占的市场份额越大，而出口商与国外子公司的市场份额相对越小。此外，出口商和跨国公司的市场份额是同比例减小，因 $\sigma_{ex}^i/\sigma_{odi}^i$ 为国家规模的自变量。考虑到出口与跨国直接投资的战略比较，出口商与国外子公司市场份额的比值为，

$$\sigma_{ex}^i/\sigma_{odi}^i = \tau^{1-\varepsilon}\left[\frac{V(\varsigma\,\psi_{ex})}{V(\varsigma\,\psi_{odi})} - 1\right] \tag{4.7}$$

上式的比值随出口商的门槛值 $\varsigma\,\psi_{ex}$ 增加而增加，随门槛值 $\varsigma\,\psi_{odi}$ 增加而下降。$\varsigma\,\psi_{ex}$ 与 $\varsigma\,\psi_{odi}$ 取决于方程(4.1)～(4.4)。因此，该系统可用来评估国际交易成本

($f_{odi}$, $f_{ex}$, $\tau$)变化所带来的后果。

出口成本 $f_{ex}$，$\tau$ 的增加或境外直接投资成本 $f_{odi}$ 的下降均会对门槛值$\varsigma\psi_{ex}$与$\varsigma\psi_{odi}$产生相同的影响，即提高$\varsigma\psi_{ex}$与降低$\varsigma\psi_{odi}$。相应地，出口额也将减少。因 $f_{odi}$ 包括国别的固定成本（体现于 $f_{ex}$）及重复建设子公司的成本（$f_d$），从比较静态视角看，在运输成本或国别固定成本较高时，出口额将下降。当企业的规模报酬较低时，其所处行业的规模报酬亦较低。该结果显示企业层面的谨慎权衡（Proximity-Concentration Tradeoff）可展开至行业层面。

总之，企业异质性决定其对外直接投资的行为。即便企业并未拥有最高的生产率，若其有较强的市场控制能力（$\psi$）亦可开展对外直接投资。企业在东道国的收益取决于生产率及市场能力。此外，出口成本 $f_{ex}$，$\tau$ 及境外直接投资固定成本 $f_{odi}$ 共同影响了企业对外直接投资的门槛值。

## 4.3 企业异质性与投资战略的实证分析

众多学者对 HMY 模型进行了实证检验，Girma、Wangner、Damijan、Cieslik 等分别用英、德、斯洛伐尼亚及日本的企业数据验证了 HMY 模型，这些实证研究均发现跨国企业确实有更高的生产率。近 30 多年以来，中国企业国际化生产与经营强劲增长，中国从主要的资本输入国，已逐步转变为全球最大的资本输出国之一，中国企业在国际投资市场中的地位越发重要。虽然国外众多实证研究验证了 HMY 模型，仍采用中国的数据进行研究是因为：其一，中国作为后起的发展中国家，其境外投资行为与发达国家 FDI 在国际化进程与竞争优势上存在一定差异，相对于发达国家的企业，中国的境外投资企业可能并未拥有先进的技术或更高的生产率的优势。其二，上文的理论分析表明，即使不存在显著的生产率优势，企业通过发挥其市场控制能力，亦可进行跨国直接投资。基于此，本文采用中国企业的微观数据检验企业异质性与其对外直接投资行为战略的关系。

### 4.3.1 数据来源和变量说明

根据 HMY 模型，对外投资企业应拥有最高的生产率，本文首先检验对外直接投资企业的生产率水平是否高于非对外直接投资企业。基于以往的文献及上文的理论分析，本文选取的企业异质性指标如下。本部分的样本时序为 2009 年至 2017 年。

（一）生产率

对于企业生产率，本文采用全要素生产率（TFP）的估计。虽然学术界对 TFP 内涵的界定仍存在分歧，但出于数据的可得性，TFP 仍是目前测度企业生产率的普遍且合理方法。在对 HMY 模型进行实证检验时，考察企业 TFP 的差异也是最常用的方法。由于数据的限制（缺乏中间投入等数据），难以采用 OP 等方法对 TFP 进行估计，本文采用索洛余值法估计企业的 TFP 值。其次，OP 等方法的优点是能够同时解决 TFP 估计时常见的联立性和样本选择问题，但其缺点与索洛余值法类似（如规模报酬不变和产出弹性不变的假设可能过于苛刻）。基于本文是采用上市企业的数据，企业的进入和退出并不十分频繁，样本选择问题不太严重，因此余值法的估计亦是可行的。TFP 采用常有的回归残差形式：$\ln(TFP_{it})=\ln Y_{it}-\hat{\beta}_k\ln K_{it}-\hat{\beta}_l\ln L_{it}$。其中 $Y$ 为产出，$K$ 为资本，$L$ 为劳动投入，$\beta$ 为投入产出函数。根据 Yeaple 分析，产出用企业营业收入衡量，$K$ 为企业总资本，$L$ 采用企业雇员数衡量。

（二）技术水平

垄断优势理论指出企业掌握的专有技术与技术专利是企业境外投资的主要生产垄断优势所在。折中理论也将企业研发能力等技术优势视为企业重要的所有权优势。中国企业需要吸收已有的国际先进技术，发扬后发优势，努力提高自身的生产率水平及国际竞争力。企业的技术水平（Tech）用企业无形资产衡量。企业无形资产对跨国子公司的生存与发展有重要作用。且无形资产与企业的技术力量紧密联系，影响到企业经营、技术周期时间的长短，以及投资利益的能力。崔也光、赵迎认为无形资产是体现企业实体创新与可持续发展能力的重要资产，尤其是商标权、专利权等知识产权，关乎企业乃至国家的核心竞争力。本文中企业的无形资产为企业各项无形资产的原价扣除减值准备和摊销后的净额，包括专利权、非专利技术、商标权、著作权等，可以较好地反映企业的技术水平。

### 4.3.2　一阶随机占优检验

本节的主要目的在于实证考察中国企业的国际化程度与企业异质性的关系。分类变量为企业对外直接投资的虚拟变量（OFDI），将总样本分为对外直接投资企业和非对外直接投资企业。

为了比较不同国际化企业的生产率，采用一阶随机占优检验。假设有两个独立的随机生产力样本。一个样本 $\omega_1\cdots\omega_n$，取自分布函数 $\Omega_1$。$\omega_{n+1}\cdots\omega_N$ 源于另一个分布函数 $\Omega_2$。需要检验的假说是：对所有 $\omega\in R$，$\Omega_1(\omega)-\Omega_2(\omega)\leqslant 0$。如果这个假设成立，至少对于一些 $\omega\in R$ 不等式是严格的，则 $\Omega_1$ 随机占优 $\Omega_2$。更直观地，即第一随机样本的累积分布函数中的变量完全位于另一个样本累积分布函数的右侧。随机占优可以通过计算两个相关的零假设实现。

第一步是拒绝同分布零假设：

$$H_0:\Omega_1(\omega)-\Omega_2(\omega)=0 \text{ 对所有 } \omega\in\mathbf{R} \tag{4.8}$$

这是一个双边的 Kolmogorov-Smirnov(K-S)测试，由 Kolmogorov 和 Smirnov 在独立样本的假设下推导出的渐近检验统计量。如果样本同分布的假设被拒绝，但却不能拒绝相应的单边假设：

$$H''_0:\Omega_1(\omega)-\Omega_2(\omega)\leqslant 0 \text{ 对所有 } \omega\in\mathbf{R} \tag{4.9}$$

那么，可以得出这样的结论：$\Omega_1$ 随机占优 $\Omega_2$。单边检验同样基于两样本独立性假设。由于面板数据包含同一公司变量的反复观察，难以满足独立样本的假设。因此，从 2000 年至 2011 年每年分别运行 K-S 测试。随机占优 K-S 检验是比较两类企业生产率差异的合理有效的方法，基于以下两个原因。第一，企业在不同的行业可能会面临不同的成本参数，即使是狭义定义上的行业。第二，在现实中有可能存在一些随机因素或不确定性，如果一个公司的生产力在每一个时期受到随机冲击，或者如果公司不能确定进入出口市场或进行对外直接投资的固定成本，则可能出现在一些生产率门槛值附近的重叠值分布。但是只要自我选择机制依然是企业进行国际化战略的一个重要的决定因素，随机占优检验就仍然是一个检验生产率优劣的有效手段，即使存在一定程度的不确定性。并且该检验对于某些源于略有分歧的程式化模型的数据仍然适用。

### 4.3.3 实证结果及分析

表 4.1 显示双边和单边 K-S 检验的结果。2～3 竖栏比较了对外直接投资企业与非对外直接投资企业当年的生产率。表 4.1 第 2 竖栏为对外直接投资企业与非对外直接投资企业生产率同分布双边 K-S 检验。可以看到 2011 年 K-S 检验结果拒绝同分布零假设。即在其他 10 年中两类企业的生产率分布认为是相同的。2011 年 K-S 检验结果虽然拒绝同分布零假设，但是同时也拒绝 $H'_0$ 对外直接投资企业具有更高的生产率（表 4.1 第 3 竖栏），即 2011 年非对外直接投资企业的生产

率甚至高于对外直接投资企业。这验证了理论分析指出的即使未拥有最高的生产率，企业也可开展跨国直接投资①。

**表 4.1 K-S 检验的结果**

| 年份 | 双边 K-S 检验 $H_0$：对外直接投资当期 TFP 同分布(1) | 单边 K-S 检验 $H'_0$：对外直接投资企业当期 TFP 随机占优(2) | 双边 K-S 检验 $H_0$：对外直接投资当期技术同分布(3) | 单边 K-S 检验 $H'_0$：对外直接投资企业当期技术随机占优(4) |
|---|---|---|---|---|
| 2009 | 0.082 6<br>(0.429) | −0.012 3<br>(0.967) | 0.186 7***<br>(0.000) | 0.000 0<br>(1.000) |
| 2010 | 0.093 9<br>(0.286) | −0.093 9<br>(0.143) | 0.114 1*<br>(0.065) | 0.000 0<br>(1.000) |
| 2011 | 0.125 6***<br>(0.995) | −0.125 6***<br>(0.007) | 0.109 9**<br>(0.003) | −0.003 6<br>(0.024) |
| 2012 | 0.125 6<br>(0.483) | −0.033 0<br>(0.908) | 0.230 6***<br>(0.000) | −0.000 9<br>(1.000) |
| 2013 | 0.127 8<br>(0.225) | −0.068 3<br>(0.536) | 0.221 2***<br>(0.007) | −0.000 5<br>(1.000) |
| 2014 | 0.364 0<br>(0.823) | −0.095 9<br>(0.994) | 0.130 5***<br>(0.005) | −0.000 7<br>(1.000) |
| 2015 | 0.409 9<br>(0.192) | −0.019 9<br>(0.994) | 0.152 0***<br>(0.006) | −0.000 4<br>(1.000) |
| 2016 | 0.211 3<br>(0.134) | −0.064 1<br>(0.780) | 0.167 3***<br>(0.000) | 0.000 3<br>(1.000) |
| 2017 | 0.199 4<br>(1.000) | −0.057 0<br>(0.209) | 0.133 8***<br>(0.832) | 0.000 5<br>(0.002) |

注：Kolmogorov-Smirnov 检验括号内为 $p$ 统计值；* 为 10%显著水平；** 为 5%显著水平；*** 为 1%显著水平。

5、6 栏显示了两类企业当年的技术水平的差异。双边的 K-S 检验拒绝了两类企业当期技术水平同分布零假设，且单边的 K-S 检验不显著，说明对外直接投资企业拥有更高的技术水平。

① Wei 等人的实证研究亦发现，TFP 对出口企业是否进行对外直接投资无显著影响。

### 4.3.4 稳健性检验

为检验上述估计的稳健性，本节采用 logit 模型与 probit 模型进行估计。被解释变量是企业对外直接投资的虚拟变量(OFDI)：以区分上市公司中进行对外直接投资企业和非对外直接投资企业，以衡量企业对外直接投资的自我行为选择。由于我们考察的被解释变量是二值变量(Binary Choice)，对外直接投资($y=1$)或不进行外向投资($y=0$)。若采用简单的"线性概率模型"(LPM)会导致预测值出现大于 1 或小于 0 的情形，为了使被解释变量 $y$ 的预测值总是介于 0～1 间，在给定 $x$ 的情况下，考虑 $y$ 的两点分布函数概率：

$$\begin{cases} P(y=1|x)=F(x,\beta) \\ P(y=0|x)=1-F(x,\beta) \end{cases}$$

因：

$$E(y|x)=1\cdot P(y=1|x)+0\cdot P(y=0|x)=P(y=1|x)$$

选择合适函数形式可使得 $0\leqslant\hat{y}\leqslant 1$($\hat{y}$ 为"$y=1$"发生的概率)。若 $F(x,\beta)$ 为标准累积分布函数，则 $P(y=1\mid x)=F(x,\beta)=\Phi(x'\beta)=\int_{-\infty}^{x'\beta}\phi(t)\mathrm{d}t$，该模型即 probit 模型；若 $F(x,\beta)$ 为逻辑累积函数，则 $P(y=1\mid x)=F(x,\beta)=\Lambda(x'\beta)=\frac{\exp(x'\beta)}{1+\exp(x'\beta)}$，该模型即 logit 模型。因此本文采用 logit 模型与 probit 模型进行估计。解释变量方面，除重点分析的异质性指标——生产率与技术，本节还加入企业规模、劳动密集度及国有份额作为控制指标。各变量说明如表 4.2 所示。

**表 4.2 变量选取与说明**

| 变量 | 变量名称 | 变量说明 |
|---|---|---|
| OFDI | 对外直接投资情况 | 虚拟变量以判断企业是否进行对外直接投资，若当年企业建立海外子公司则取 1，否则为 0 |
| TFP | 企业生产率 | 根据 C-D 生产函数计算企业的全要素生产率 |
| Tech | 企业技术水平 | 用企业无形资产衡量 |
| Labor-intensive | 企业劳动密集度 | 应付职工薪酬/总营业成本 |
| Scale | 企业规模 | 用企业固定资本存量衡量 |
| State-share | 国有份额 | 企业的国有股股数占总股数的比重，取 ln(1+国有股股数/总股数) |

其中，企业劳动密集度(Labor-intensive)用企业应付职工薪酬占总营业成本的比重衡量。其中企业应付职工薪酬为企业根据有关规定应付给职工的各种薪酬，包括工资、职工福利、住房公积金、社会保险费、工会经费等。

企业规模用企业的固定资本净额衡量。固定资产净额为固定资产原价除去累计折旧和固定资产减值准备之后的净额。固定资产是企业持有的固定资产原价，建造承包商的临时设施，以及企业购置计算机硬件所附带的、未单独计价的软件。

国有份额采用企业的国有股股数占总股数的比重衡量，取 ln(1＋国有股股数/总股数)。

进行模型估计前，我们首先对解释变量进行 spearman 偏相关性检验，检验结果显示，总体来看各变量间不存在明显的线性相关，只有企业营业能力与企业规模两个变量间的相关系数略高于 0.5。考虑到模型的共线性问题，我们采用 VIF(方差膨胀因子)检验所估计模型的共线性，结果显示模型的方差膨胀因子值均介于 1～2之间，远低于临界值 10 的水平，可见，该回归模型并无共线性问题。

本节采用非平衡面板数据进行 logit 与 probit 估计。同时本节还控制了企业所属行业对回归的影响。根据中国证监会(CSRC)的《上市公司行业分类指引》为分类标准，将样本企业分为工业、房地产、金融、商业、公共事业及综合。回归结果如表 4.3 所示。

**表 4.3　logit 与 probit 模型估计结果**

| | (1) | (2) | (3) | (4) | (5) | (6) |
|---|---|---|---|---|---|---|
| lnTFP | 0.261 2<br>(1.07) | | 0.044 2<br>(0.42) | 0.119 4<br>(1.62) | | 0.017 3<br>(0.34) |
| lnTech | | 0.123 5***<br>(8.10) | 0.053 4***<br>(3.24) | | 0.050 8***<br>(7.69) | 0.024 3***<br>(3.18) |
| labor-intensive | −0.005 7<br>(−1.25) | −0.004 9<br>(−1.10) | −0.004 2<br>(−0.09) | −0.005 9<br>(−0.27) | −0.005 8<br>(−0.26) | −0.005 8<br>(−0.24) |
| lnScale | 0.313 3***<br>(9.18) | 0.314 5***<br>(9.22) | 0.320 6***<br>(9.15) | 0.070 0***<br>(8.81) | 0.071 3***<br>(8.880) | 0.076 5***<br>(8.82) |
| state-owned share | −1.488 6***<br>(−3.37) | −1.491 5***<br>(−3.07) | −1.487 0***<br>(−3.85) | −0.780 6*<br>(−1.84) | −0.772 4*<br>(−1.84) | −0.791 5*<br>(−1.85) |
| 行业 | 控制 | 控制 | 控制 | 控制 | 控制 | 控制 |
| log likelihood | −2 588.67 | −3 156.05 | −2 240.29 | −2 562.81 | −3 113.69 | −2 238.52 |
| 方法 | logit | logit | logit | probit | probit | probit |

注：括号内为 *T* 统计值；* 为 10%显著水平；* * 为 5%显著水平；* * * 为 1%显著水平。

表 4.3 为 logit 与 probit 模型估计结果。企业 TFP 的估计值为正，但不显著。企业技术水平的估计系数为正，且在 1%的水平上显著，与假设一致，技术水平越高的企业，向外投资获取技术的意向也越强。劳动密集度系数为正，但不显著，说明劳动密集度并不是影响企业对外直接投资关键变量。企业规模的估计值也显著为正。国有份额的估计值显著为负，国有份额越高的企业越不倾向于进行对外投资。probit 与 logit 估计结果表明，企业技术水平对企业采取对外直接投资有显著的正影响。全要素生产率为正，但并不十分显著。该结果与 K-S 检验一致，说明实证分析是稳健的。

## 4.4 本章小结

根据 HMY 模型，生产率较低的企业仅在国内生产和销售，生产率中等的企业选择出口服务国外市场，生产率最高的企业才会进行跨国直接投资。本章在 HMY 模型的基础上进行扩展，模型推演说明企业异质性决定其对外直接投资的行为，即便企业并未拥有最高的生产率，若其有较强的市场控制能力亦可开展对外直接投资。

实证结果与理论分析一致。采用随机占优 K-S 方法检验 2009—2017 年中国上市企业中对外直接投资企业与非对外直接投资企业生产率的差异，全要素生产率的差异分析结果显示：并未发现中国跨国企业拥有更高的生产率。本章还实证分析了 OFDI 企业与非 OFDI 企业技术水平的差异，发现双边的 K-S 检验拒绝了两类企业当期技术水平同分布零假设，且单边的 K-S 检验不显著，说明对外直接投资企业拥有更高的技术水平。probit 与 logit 回归结果与 K-S 检验结果一致，说明实证估计是稳健的。

# 第 5 章　企业异质性与对外直接投资区位选择

第 4 章分析了异质性如何影响中国企业是否开展对外直接投资的战略行为，本章进一步探讨异质性对企业对外直接投资区位选择的影响。基于新新经济地理视角，本章首先在异质性模型基础上引入东道国市场规模、中间投入品运输等因素，考察东道国市场规模如何影响企业进入的门槛值，并进一步探讨了异质企业对东道国制度环境与文化差异的偏好。在上述理论分析基础上，本章采用中国企业在 118 个国家(地区)的数据进行分析，考察企业异质性与企业境外直接投资区位选择的内在联系。

## 5.1　企业异质性、东道国市场规模与对外直接投资

本节对 Melitz、Helpman 及 Chen 的异质企业策略选择模型进行扩展，加入东道国市场规模、与距离相联系的中间投入品运输及随之增加的固定成本函数，以考察异质性、东道国市场规模与企业对外直接投资区位选择的关系。

### 5.1.1　东道国市场规模与企业生产率门槛值

假设世界上存在 $N+1$ 个国家：母国 $i$ 及 $N$ 个东道国 $j$，记为 $j=1,2,3,\cdots,N$。每个国家均由两部门组成：部门 $A$ 生产同质产品，部门 $B$ 生产异质产品。消费者效用函数为柯布-道格拉斯形式：$U=X_A^a X_B^{1-a}$。其中，$0<a<1$。每个国家有 $n$ 个企业，记为 $k=1,2,3,\cdots,n$。部门 $B$ 企业生产差异产品并有不同的生产率水平 $\varsigma$，假设企业生产率

为连续的累积分布函数 $H(\varsigma)$。$X_B$ 为 CES 形式的次效用函数：$X_B = \left(\int_{k\in\Omega} x(k)^{(\varepsilon-1)/\varepsilon}\mathrm{d}k\right)^{\varepsilon/(\varepsilon-1)}$。其中，$x(k)$ 为 $k$ 企业产品的消费量；$\varepsilon$ 为替代弹性，$\varepsilon>1$；$\Omega$ 为可消费的 $B$ 部门产品集。则各企业面临的需求曲线为：$x(k)=p(k)^{-\varepsilon}(1-a)YP^{\varepsilon-1}$。其中，$Y$ 为该国的总支出；$P$ 为该国的物价指数；$p(k)$ 为 $k$ 企业产品的价格。

关注 $i$ 国企业的投资决策，若 $i$ 国企业 $k$ 选择在国内生产和销售，其生产的固定成本为 $f_i^D$，边际成本为 $c_i/\varsigma$。根据营业收入最大化原则，企业的定价为：$p_i(\phi)=c_i\varepsilon/\varsigma(\varepsilon-1)$，则企业在国内生产的营业收入函数为：$\pi_i^D=(1-a)\frac{Y_i}{\varepsilon}\left[\frac{c_i\varepsilon}{\varsigma P_i(\varepsilon-1)}\right]^{1-\varepsilon}-f_i^D$。企业也可通过出口或者建立国外子公司在 $j$ 国销售产品。若企业选择出口策略，则必定产生一单位的冰山运输成本 $\tau_{ij}$，$\tau_{ij}>1$。设运输成本为距离的函数：$\tau_{ij}=td_{ij}^{\eta_1}$，其中，$t$ 为单位距离成本；$d$ 为两国间距离，$\eta_1>0$。因此，$k$ 企业在 $j$ 国销售产品的价格为：$p_{ij}^{EX}=p_{ii}\tau_{ij}$，此时，企业的边际成本为 $td_{ij}^{\eta_1}c_i/\varsigma$，则企业 $k$ 对 $j$ 国出口的营业收入函数为：$\pi_j^{EX}=(1-a)\frac{Y_j}{\varepsilon}\left[\frac{td_{ij}^{\eta_1}c_i\varepsilon}{\varsigma P_j(\varepsilon-1)}\right]^{1-\varepsilon}$。若企业选择在 $j$ 国建立子公司，企业需要支付额外的固定成本 $f_j^{ODI}$。相对于在国内，跨国公司在国外更难获取购买新设备建立新厂房等信息，并且受到语言文化差异、法律体系的障碍，以致跨国公司在国外生产的固定成本相对在国内生产要高。假设其为与距离有关的函数，$F_j^{ODI}=F_i^D+\gamma d^{\eta_2}$，$\gamma$ 为单位距离的固定成本增加额，$\gamma>0$，$\eta_2>0$。若跨国子公司的生产需依赖从母国进口某种特殊的中间产品，则根据 Kleinert 与 Toubal，设企业 $k$ 在 $j$ 国建立子公司的可变成本函数为 $C_j=\left(\frac{c_j}{1-\rho}\right)^{1-\rho}\left(\frac{p_{ij}}{\rho}\right)^{\rho}$。其中，$\rho$ 为需从 $i$ 国运输的中间产品占比，$1>\rho>0$。由企业营业收入最大化原则，$p_j(\varsigma)=\left(\frac{c_j}{1-\rho}\right)^{1-\rho}\left(\frac{p_{ij}}{\rho}\right)^{\rho}\varepsilon/\varsigma(\varepsilon-1)$，则企业 $k$ 在 $j$ 国建立子公司的营业收入为：$\pi_j^{ODI}=(1-a)\frac{Y_j}{\varepsilon}\left[\frac{c_j^{1-\rho}(td_{ij}^{\eta_1}c_i)^{\rho}\varepsilon}{\rho^{\rho}(1-\rho)^{1-\rho}\varsigma P_j(\varepsilon-1)}\right]^{1-\varepsilon}-(F_i^D+\gamma d^{\eta_2})$。企业采取对外直接投资策略首先需满足：$\pi_j^{ODI}>0$，由此可得：

$$\varsigma^{\varepsilon-1}>\frac{(F_i^D+\gamma d^{\eta_2})\varepsilon}{(1-a)Y_j}\left[\frac{c_j^{1-\rho}(td_{ij}^{\eta_1}c_i)^{\rho}\varepsilon}{P_j\rho^{\rho}(1-\rho)^{1-\rho}(\varepsilon-1)}\right]^{\varepsilon-1}=\tilde{\varsigma}^{\varepsilon-1}$$

$\tilde{\varsigma}$ 为企业投资特定东道国的门槛生产率。对上式两边取对数得：

$$\ln\tilde{\varsigma}=\eta_1\rho\ln td_{ij}+\frac{1}{\varepsilon-1}\ln(F_i^D+\gamma d^{\eta_2})-\frac{1}{\varepsilon-1}\ln\varepsilon^{-\varepsilon}(\varepsilon-1)^{\varepsilon-1}P_j^{\varepsilon-1}(1-a)Y_j+$$
$$(1-\rho)\ln[c_j/(1-\rho)]+\rho\ln(c_i/\rho)\qquad(5.1)$$

由方程(5.1)可见，其他条件不变时，企业对外直接投资的生产率门槛值取决于以下几方面的影响。东道国的地理距离越远，进入的门槛生产率越高。距离的影响表现在中间投入品的运输及增加的固定成本，从而增加企业进入该东道国的难度。此外，东道国调整需求水平 $\varepsilon^{-\varepsilon}(\varepsilon-1)^{\varepsilon-1}P_j^{\varepsilon-1}(1-a)Y_j$ 与企业生产率门槛值呈负相关，只有生产率较高的企业才会进入相对"低吸引力"的东道国。较高的东道国可变成本 $c_j/(1-\rho)$ 及特定中间投入品 $c_i/\rho$ 的缺失，要求进入该国的企业拥有更高的生产率。可见，东道国调整需求水平的增加，较近的地理距离，当地生产成本及需从母国进口的中间投入品的减少，会降低企业进入的生产率门槛值，使相对生产率较低的企业进入该国。此外，企业采取对外投资而非出口的方式服务目标市场须满足：$\pi_j^{ODI}>\pi_j^{EX}$，此时有：

$$\varsigma^{\varepsilon-1}>\frac{(F_i^D+\gamma d^{\eta_2})\varepsilon}{(1-a)Y_j\left(\frac{(\varepsilon-1)}{\varepsilon}P_j\right)^{\varepsilon-1}}\left[\left(\frac{c_j^{1-\rho}(td_{ij}^{\eta_1}c_i)^{\rho}}{\rho^{\rho}(1-\rho)^{1-\rho}}\right)^{1-\varepsilon}-(td_{ij}^{\eta_1}c_i)^{1-\varepsilon}\right]^{-1}=\tilde{\varsigma}^{\varepsilon-1}$$

$$\tilde{\varsigma}^{\varepsilon-1}=\frac{(F_i^D+\gamma d^{\eta_2})\varepsilon}{(1-a)Y_j\left(\frac{(\varepsilon-1)}{\varepsilon}P_j\right)^{\varepsilon-1}}\left(\frac{c_j^{1-\rho}(td_{ij}^{\eta_1}c_i)^{\rho}}{\rho^{\rho}(1-\rho)^{1-\rho}}\right)^{\varepsilon-1}\left[1-\left(\frac{\rho^{\rho}(td_{ij}^{\eta_1}c_i)^{1-\rho}(1-\rho)^{1-\rho}}{c_j^{1-\rho}}\right)^{1-\varepsilon}\right]^{-1}$$

$\tilde{\varsigma}$为严格的对外投资门槛生产率，上式两边取对数得：

$$\ln\tilde{\varsigma}=\eta_1\rho\ln td_{ij}+\frac{1}{\varepsilon-1}\ln(F_i^D+\gamma d^{\eta_2})-\frac{1}{\varepsilon-1}\ln\varepsilon^{-\varepsilon}(\varepsilon-1)^{\varepsilon-1}P_j^{\varepsilon-1}(1-a)Y_j+$$
$$(1-\rho)\ln[c_j/(1-\rho)]+\rho\ln(c_i/\rho)-\ln\left(1-\left(\frac{\rho^{\rho}(td_{ij}^{\eta_1}c_i)^{1-\rho}(1-\rho)^{1-\rho}}{c_j^{1-\rho}}\right)^{1-\varepsilon}\right)\qquad(5.2)$$

方程(5.2)的前五项与方程(5.1)类似，较低的东道国调整需求水平、随距离增加的固定成本、昂贵的当地生产成本及大规模的母国中间投入品运输，会提高企业进入该东道国的生产率门槛值，阻止生产率相对低的企业进入该国。增加的最后一项表示，出口与境外生产的边际成本比较，较低的边际成本节余将增加企业进入的生产率门槛，该项包含的距离因素 $d$ 与$\tilde{\varsigma}$呈负相关，这体现了"慎重权衡"理论的思想。同时，也体现了该理论的片面性。加入中间投入品运输可能会抵消企业建立东道国子公司以节约运输的考虑，随距离增加的固定成本函数的引入，更可能改变距离作用的方向，致使更高的生产率门槛值。唯有高生产率企业投资于市场规模较小，远距离东道国才会有利可图。

### 5.1.2 东道国市场规模与生产率异质程度

由方程(5.1)来看，东道国的地理距离越远，进入的门槛生产率越高，则进入该国的 $i$ 国企业越少。假设 $i$ 国企业的生产率分布 $H(\varsigma)$ 为帕累托分布函数：$H(\varsigma)=1-\varsigma^{-\sigma}$，$\sigma$ 为形状参数。只有生产率高于特定东道国进入生产率门槛值的企业才会对该国直接投资，那么，企业在 $j$ 国的总营业收入为：

$$R_{ij}^{j}=(1-a)Y_j\left[\frac{c_j^{1-\rho}(td_{ij}^{\eta}c_i)^{\rho}\varepsilon}{\rho^{\rho}(1-\rho)^{1-\rho}P_j(\varepsilon-1)}\right]^{1-\varepsilon}n_h\int_{\tilde{\varsigma}_{ij}}^{\infty}\varsigma^{\varepsilon-1}\mathrm{d}H(\varsigma) \tag{5.3}$$

在 $j$ 国建立子公司的企业数目为：

$$n_{ij}=n_h(1-H(\tilde{\varsigma}_{ij}))=n_h\tilde{\varsigma}_{ij}^{-\sigma} \tag{5.4}$$

这些企业在母国的总营业收入为：

$$R_{ij}^{i}=(1-a)Y_i\left(\frac{c_i\varepsilon}{P_i(\varepsilon-1)}\right)^{1-\varepsilon}n_h\int_{\tilde{\varsigma}_{ij}}^{\infty}\varsigma^{\varepsilon-1}\mathrm{d}H(\varsigma)$$

其在母国的平均营业收入为：

$$R_{ij}^{i}/n_{ij}=(1-a)Y_i\frac{(c_i\varepsilon/P_i(\varepsilon-1))^{1-\varepsilon}}{1-H(\tilde{\varsigma}_{ij})}n_h\int_{\tilde{\varsigma}_{ij}}^{\infty}\varsigma^{\varepsilon-1}\mathrm{d}H(\varsigma)$$

$$=(1-a)Y_i(c_i\varepsilon/P_i(\varepsilon-1))^{1-\varepsilon}\frac{\sigma}{\sigma-\varepsilon+1}\tilde{\varsigma}_{ij}^{\varepsilon-1}$$

将方程(5.4)代入，并取对数得：

$$\ln(R_{ij}^{i}/n_{ij})=\ln\left[(1-a)Y_i(c_i\varepsilon/P_i(\varepsilon-1))^{1-\varepsilon}\frac{\sigma}{n_h(\sigma-\varepsilon+1)}\right]-\frac{\varepsilon-1}{\sigma}\ln n_{ij} \tag{5.5}$$

方程(5.5)右边第一项为母国特征，并不会随东道国市场规模而发生改变。$\frac{\varepsilon-1}{\sigma}$反映了进入特定东道国的企业数目与其在母国的平均营业收入的关系。其中，$\sigma$ 为企业生产率分布的形状参数。

### 5.1.3 计量模型与实证检验

本节基于上文的理论分析构建计量方程，实证检验异质性、东道国市场规模与企业对外直接投资区位选择的关系。

(一) 计量方程

方程(5.1)与方程(5.2)显示，企业的生产率门槛值受到东道国的市场潜力、东道国的可变成本、地理距离、固定成本、中间投入品运输的影响。本文采用两国(地区)中心间的直线距离测度距离因素($d$);由于信息不对称会导致更高的东道国固定成本,因此,本文采用互联网用户作为信息便利指标(internet),估算不同国家固定成本随距离的增加值;东道国的市场潜力采用常用的东道国 GDP 衡量;虽然东道国工资水平可能为企业可变成本的更好的测度指标,但由于该数据缺失较多,因此,采用东道国人均 GDP 指标(PGDP)来替代;由于企业的中间投入品运输数据无法获得,本文无法对此变量进行实证分析。计量模型如下:

$$\ln\xi_{it}=\ln d+\ln \mathrm{GDP}_{it}+\ln \mathrm{PGDP}_{it}+\ln \mathrm{internet}_{it}+\varepsilon_{it} \tag{5.6}$$

与前文分析一致,本节采用企业全要素生产率及技术水平表征企业异质性。企业生产率采用索洛残值法估计各跨国直接投资企业的 TFP 值,技术水平指标依旧采用企业无形资产衡量。

(二) 数据来源及统计性描述

与前文一致,对外直接投资企业数据源于商务部网站获取的中国企业境外设立分支机构名录。上市企业的详细财务与治理结构指标,包括企业名称、营业收入、资产总计、雇员数、所属行业等源于 CSMAR 数据库。由于部分东道国市场规模数据缺失,如英属维尔京群岛、朝鲜等,最终得到 2009—2017 年中国企业在境外建立子公司的数据。国家层面数据包括 GDP、人均 GDP(均以 2000 年不变价美元计算),互联网用户(每 100 人),源于世界银行数据库。地理距离采用两国(地区)中心间的直线距离,数据源于网站 www. jisuan. info。行业分类采用《上市公司行业分类指引》为分类标准,共涉及 75 个行业。特别地,本文加入年份和行业哑变量,以控制其年份行业差异的影响。

(三) 实证结果及分析

首先根据方程(5.5)估计中国对外投资企业的生产率异质程度。进入东道国的平均营业收入与进入企业数的回归系数为 −0.69,且在 1% 水平上显著。表明 $\frac{\sigma}{\varepsilon-1}$ 近似为 1.45,这与 Eaton 等的估计值 1.5 十分接近。可见,不仅国内企业、出口企业、境外投资企业间的企业生产率存在差异,且境外投资企业内部生产率也存在差异。由于本文采用的是上市企业的数据,样本中去除了部分中小企业跨国直接投资数据,而上市企业普遍拥有更高的营业收入,因而实际总体的对外投资企业的生产率异质程度很可能高于 1.45,表现为更大程度的企业异质性。

表 5.1 中模型 1 与模型 2 为方程(5.6)的估计结果。模型 1～2 分别以企业生产率、技术作为被解释变量，考察东道国市场规模对企业生产率/技术门槛值的影响。此外，本文还考察了企业对外投资区位选择的因素，以另一视角进行对比验证。Chen 认为，企业对外投资的区位选择受到企业自身因素与东道国因素两方面的影响，借鉴其做法，当企业对该东道国进行投资时，区位变量取 1，否则为 0。本文采用距离、东道国 GDP、东道国人均 GDP 变量考察东道国因素影响，企业自身因素采用企业的 TFP 及技术。由于数据量过多并考虑到数据的完整性，本文仅采用 2017 年的企业对外直接投资数据进行分析，鉴于因变量为二值变量，采用 Logit 回归(模型 3～4)，结果如表 5.1 所示。

**表 5.1　企业异质性与境外投资区位的回归结果**

| | 模型 1<br>lnTFP | 模型 2<br>lnTech | 模型 3<br>区位 | 模型 4<br>区位 |
|---|---|---|---|---|
| lnd | 0.079<br>(1.43) | 0.627<br>(0.99) | −1.152***<br>(−8.90) | −1.225***<br>(−7.02) |
| lnGDP | −0.121**<br>(−2.17) | −0.165*<br>(−1.81) | 0.213***<br>(4.24) | 0.202***<br>(2.85) |
| lnPGDP | 0.289**<br>(2.36) | −0.225<br>(−1.12) | 0.496***<br>(6.81) | 0.544***<br>(4.93) |
| lninternet | −0.133<br>(−1.56) | −0.123<br>(−1.33) | | |
| lnTFP | | | | 0.084<br>(0.89) |
| lnTech | | | | 0.231<br>(0.59) |
| 年份/行业 | 控制 | 控制 | — | — |
| 方法 | OLS | OLS | LOGIT | LOGIT |
| log likelihood | — | — | −747.25 | −327.53 |
| $R^2$ | 0.094 | 0.250 | 0.141 | 0.175 |

注：OLS 方法括号内为 $t$ 统计值；LOGIT 方法括号内为 $Z$ 统计值；* 为 10%显著水平；** 为 5%显著水平；*** 为 1%显著水平。

为了进一步考察进入各东道国的企业门槛值，本文以进入特定东道国特定行业的跨国企业最低生产率、技术作为企业生产率门槛值的测度指标，估计结果如表 5.2 所示。

**表 5.2 企业异质性与境外投资门槛值的回归结果**

| | 模型 1 lnTFP (min) | 模型 2 lnTech (min) | 模型 3 区位 | 模型 4 区位 |
|---|---|---|---|---|
| ln*d* | 0.102* (1.71) | 0.312 (1.35) | −0.943*** (−5.78) | −0.751*** (−8.43) |
| lnGDP | −0.094* (−1.85) | −0.247* (−1.77) | 0.115*** (3.77) | 0.174*** (4.58) |
| lnPGDP | 0.132** (2.51) | −0.233 (−0.98) | 0.572*** (4.69) | 0.446*** (3.73) |
| lninternet | −0.107 (−1.23) | −0.204* (−1.76) | | |
| lnTFP(min) | | | | 0.054 (0.85) |
| lnTech(min) | | | | 0.103* (1.79) |
| 年份/行业 | 控制 | 控制 | — | — |
| 方法 | OLS | OLS | LOGIT | LOGIT |
| log likelihood | — | — | −846.99 | −421.37 |
| $R^2$ | 0.011 | 0.216 | 0.177 | 0.189 |

注：OLS 方法括号内为 $t$ 统计值；LOGIT 方法括号内为 $Z$ 统计值；* 为 10%显著水平；** 为 5%显著水平；*** 为 1%显著水平。

整体看来，表 5.1 与表 5.2 各变量的估计结果基本一致，说明回归结果是稳健的。对于距离变量，地理距离与企业生产率呈正相关。生产率相对低的企业在较近国家（地区）建立子公司，生产率较高的企业进入远距离的东道国。远距离东道国存在更高的生产率门槛，进入该国的企业拥有更高的生产率水平，且生产率更高的企业有更广的跨国网络。从企业对外投资的目的地来看，虽然 TFP 相对较低的上市企业也有投资美国、德国等发达国家的行为，但从整体上看，TFP 较高的企业更多地投资于距离较远的国家，如加拿大、美国等，而 TFP 相对较低的企业更多的投资于老挝、越南等中国周边的发展中国家。模型 1～2 显示，东道国市场规模变量（GDP）系数均为负，与上文的理论分析相吻合，扩大市场份额是我国企业对外直接投资的重要动机，存在着随机的自我选择机制，生产率/技术低的企业更趋向于进入需求较大的市场,生产率/技术高的企业越有可能对规模较小的市场进行直接投资。模型 1～2 的人均 GDP 的系数估计值不一致,这可能是由于:一方面,较高的东道国人均 GDP 可能意味着较高的工资率,即较高的可变成本,由方程(5.1)应与生产率门槛值呈正相关;另一方面,人均 GDP 同时反映着人均收入水平,即市场需求水平,则应与生产率门槛值呈负相关。东道国信息便利度与生产率门槛值呈负相关,信息不对称程度越低,企业生产率门槛值越低,越有利于进入该东道国。从模型 3～4 看来,与上文的回归结果一致,距离变量与企业区位选择显著负相关,远距离导致了较高的门槛值,降低了企业进入该东道国的意愿。东道国 GDP 与进入企业区位选择变量显著正相关,市场规模越大,进入的企业越多。

## 5.2 企业异质性、东道国制度环境与对外直接投资

除东道国市场规模外,东道国制度环境对境外直接投资的影响十分重要。从制度视角研究 OFDI 问题是国际投资理论研究中的一个重要领域。近几年来,国内外一些学者已开始从制度角度来研究国际投资问题,并取得了一批较高质量的研究成果。

从国外研究来看,Wei 发现 OFDI 与东道国的腐败指数呈负相关。Jun 和 Singh 分析了 1970—1993 年 31 个发展中国家的外来投资的情况,结果显示东道国的政治风险是影响外国投资方投资决定的重要条件之一。Vittorio 和 UgoMarani 发现 OFDI 与制度呈正相关,并表明制度质量的高低对一国吸引 FDI 有着重要作用。Clegg 和 Lin 等人利用面板数据观察 1991—2011 年 261 家上市公司,找到了一个比增长模式对境外直接投资和绩效调整作用更大的由公司的国际化战略、国内政治影响和东道国制度风险组成的多同步模式。我们的研究扩展了新兴经济体的对外直接投资模式的理解和建议分析表现的后果应集中在外部和可能有利于性能影响的企业因素。

从国内研究来看,已经有部分学者研究东道国政治风险和制度对中国 OFDI 的影响。传统观点认为,东道国制度风险给投资企业带来未知的风险。因此,东道国制度风险会对 OFDI 产生负面作用。国内学者从制度的肃贪、政治效能、政治稳定、法规执行品质、法治和言论自由六个指标中的一个或者多个指标为对象进行了

研究。郭苏文利用2003—2008年间45个东道国和地区的面板数据，建立跨国动态面板模型，运用系统GMM估计方法来分析东道国制度因素对我国OFDI的影响。研究结果发现“法规执行品质”对中国OFDI有阻碍作用。王建、张宏和胡兵研究发现，“政府效能”与中国OFDI流量显著正相关，“肃贪”与中国OFDI流量显著负相关。祁春凌、邹超利用2003—2009年我国在51个东道国的对外直接投资数据，研究发现东道国较高的法治制度质量对我国对外直接投资有显著的正影响。郑磊研究发现制度因素对中国OFDI的影响相对于传统经济因素有更加重要的作用。冀相豹、葛顺奇研究发现，中国OFDI对于东道国制度具有明显的依赖性。综合国内研究来看，相关研究将企业视为同质，还有待于进一步从异质视角分析研究东道国制度对中国对外直接投资的影响。

东道国制度环境影响企业跨境投资的通信、固定成本、产品定价和销售等活动，进而左右跨国公司的对外投资决策。本节采用机理分析与数理模型分析，考察异质性、东道国制度环境与对外直接投资之间的内在联系，并提出后文实证验证的几个假设。

### 5.2.1　东道国制度环境影响对外直接投资的正面效应

通常认为，对外直接投资和东道国制度环境正相关。大量实证研究也支持公司在跨境投资时更愿意投资于制度环境好的国家(地区)的观点。

良好的东道国制度环境可减少跨国投资的不确定性，进而吸引境外直接投资。(1) 减少合同违约的风险。良好的东道国制度环境有利于保障跨国企业与当地企业的合同、跨国企业与政府的合同如约执行。Boycko指出在制度环境差的东道国，如法制不完善、违约责罚力度小的国家(地区)，合同时常缺少保障且难以执行。恶劣的东道国制度环境可能给跨国企业带来难以预计的不必要损失，减少其营业收入，因此弱化对跨国企业的吸引力，通常被视为吸引对外投资的阻碍之手(grabbing hand)。(2) 优良的东道国制度环境有利于减少跨国公司跨境投资的额外成本。例如在腐败程度较高的东道国，跨国企业可能需通过行贿当地政府才能得到投资批准。此外，通常跨国企业在某地开展绿地投资时，需向当地政府申请生产经营、用电用水许可证等多项许可，还需获得行业监管部门的批准并受其监督。在制度环境好的东道国，跨国企业可按照规定快速高效地获得各项许可及批准；在制度环境差的国家(地区)，跨国企业无论在哪级部门办理手续，可能都需向该部分长时间的等待及向政府部门行贿，这一方面给跨国企业生产经营带来高度的不确定性，另一方面寻租活动是浪费资源的，导致经营成本上升。(3) 在制度环境良好的东道国，基础设施等公共设施更加完善更有保障。在制度环境较差的东道国，如政治稳定度或政策有效性低的国家，政府有可能突然减少或中断某项公共投入，使公共投入未来预期高度不确定、不连续，减少该国的吸引力。基于以上几点，大多数研究认为东道国制度环境对外直接投资的正面效应。

### 5.2.2 东道国制度环境影响对外直接投资的负面效应

另一方面，跨国公司也可能会更倾向投资于制度环境差的东道国。较差的东道国制度环境通常意味着更强的官僚主义，而这有可能吸引某些跨国企业对该国(地区)进行投资，因为：

其一，在制度环境差的东道国，跨国企业可能更易于获得公共项目。跨国公司拥有雄厚的资金，更有利于贿赂政府官员，从而获得公共资助的项目。若行贿成本低于收入效应，恶劣的制度环境可刺激跨国企业的直接投资。此时，恶劣的制度环境是创租的，境外投资者与东道国政府官员共享租金。

其二，在制度环境差的东道国，跨国公司可用特殊手段加快官僚程序。企业拥有不同的时间价值，当在制度环境恶劣的东道国等待投资建厂时，跨国公司可通过其他手段，如行贿，减少等待的时间成本。此外，在法制不健全、执行力度不高的国家，跨国公司可利用其资金优势、公关能力，获得某些特殊行业的生产经营的允许。

其三，在经济政治体制存在缺陷的国家(地区)，腐败可在一定程度上提高效率[①]。Leff 认为在预先存在官僚政府低效时，政府官员腐败行为可作为一个帮助之手(Helping Hand)，提升效率，增加跨国公司的营业收入。相关实证研究也支持了该观点。Egger 和 Winner 采用 1995—1999 年 73 个发达和发展中国家数据进行实证分析发现，腐败刺激了跨国直接投资，两者呈现显著的正相关。

基于以上三方面原因，较差的制度环境可能会帮助跨国公司获得公共项目、加快审批程序、带来额外收益，东道国制度环境可与对外直接投资呈负相关。

---

① Leff，1964，Bardhan，1997 的问卷调查。

### 5.2.3 基于跨国企业异质性视角的效应分析

上文阐述了东道国制度环境对境外直接投资正面与负面的影响，本小节基于跨国公司自身能力角度，分析企业异质性如何影响其对东道国制度环境的偏好。从组织生态学视角来看，组织的生产及经营能力在很大程度上左右了环境对组织行为的影响。如果企业竞争力、生产经营能力强，有足够实力开拓东道国市场，与当地企业竞争，更倾向投资于基础设施完善、法制健全、政府执行力度强的国家。如果企业生产经营能力弱，通过正常手段难以和当地企业竞争，为了生存或其他战略目标，更可能投资于制度环境较差的东道国，通过特殊手段获取政府支持。

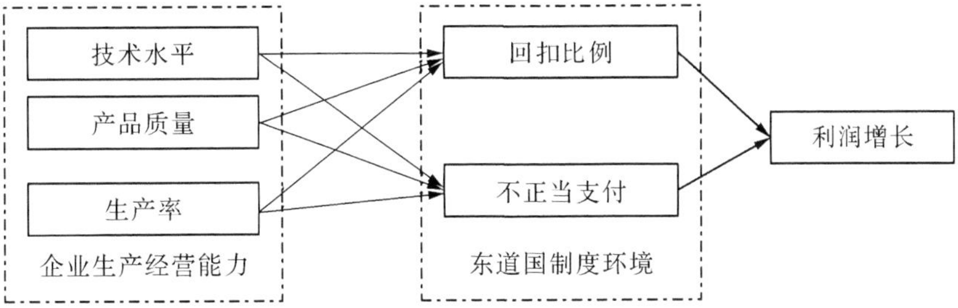


**图 5.1 企业异质性与东道国制度环境**

如图 5.1 所示，企业异质性(包括技术水平、产品质量、生产率)会对其东道国制度环境的选择偏好产生影响。(1) 企业的技术水平。企业的技术水平更可能与东道国制度环境呈正相关。技术先进的跨国公司在制度环境优良的国家(地区)，如注重创新、专利保护法制完善，才能保护和发挥技术优势；而技术相对落后的跨国公司，则更倾向于在制度环境较差的地区建立子公司或者进行跨国并购，以降低竞争劣势，采取其他非市场手段获得额外收益。(2) 企业的生产率及产品质量。如果企业的生产率较低或产品质量较差，更有可能采用其他特殊手段降低成本。在制度环境良好的经济体中，市场制度完善，生产率及产品质量高的企业能有效地发挥其优势；而在制度环境较差的国家，政府可广泛干涉经济运行，跨国企业可运用资金优势，通过非市场手段(如向政府官员行贿)，获得政府支持，以弥补竞争劣势。例如，获得特殊的经营许可、特别优惠、特定自然资源，或是避开地方壁垒进入区域市场等。可见，在制度环境较差的国家(地区)投资，可使技术水平、生产率较低及产品质量较差的跨国企业，在短时间内获得政策优惠、地方保护及弥补劣势等收益。据此推论：

假设：生产率或技术水平较高的企业更倾向投资于制度环境较优的东道国；生产率或技术水平较低的企业更倾向投资于制度环境较差的东道国。

### 5.2.4 计量模型设定及实证分析

本节基于上文的理论分析构建计量方程，实证检验异质性、东道国市场规模与企业对外直接投资区位选择的关系。以东道国制度环境及其他控制变量作为解释变量，计量模型如下：

$$\ln\xi_{it}=\ln d+\ln GDP_{it}+\ln st_{it}+\ln Z_{it}+\varepsilon_{it} \tag{5.7}$$

被解释变量方面，与前文分析一致，本节采用企业全要素生产率、营业收入及技术水平表征企业异质性 $\xi_{it}$。对于企业生产率，本文采用全要素生产率（TFP）的估计。对于技术水平指标依旧采用企业无形资产衡量。

解释变量方面，$d$ 为中国与东道国中心间的直线距离；东道国的市场潜力采用常用的东道国 GDP 衡量。本节重点考察的东道国制度环境变量（ln$st$）采用世界银行的六个制度（Worldwide Governance Indicators，WGI）指标测度，包括政治稳定度（Stability）、经济限制度（Regulatory）、贪腐控制（Con. Cor）、政治人权与公民参政（Voice）、政策有效性（Effect）、法制程度（Rule）。这些指标均经过标准化处理，越大的数值表明越优的制度环境。WGI 的这六个子指标因其具有较高的综合性和代表性，在实证研究中被广泛地运用。考虑到数据的可得性与完整性，本小节的样本区间为 2005—2010 年。控制指标方面，沿用 5.1 节的信息便利指标（internet）及东道国人均 GDP（PGDP）指标。因制度环境的六个指标相关度较高，不宜同时估计，本节分别进行回归，结果如表 5.3、表 5.4 所示。

表 5.3 至表 5.4 的被解释变量分别是全要素生产率、技术水平。各表中模型 1 至模型 6 中东道国制度环境（ln$st$）的指标分别为政治稳定度（Stability）、经济限制度（Regulatory）、贪腐控制（Con. Cor）、政治人权与公民参政（Voice）、政策有效性（Effect）、法制程度（Rule）。

表 5.3 生产率异质性与东道国制度环境的回归结果

| | 模型 1 | 模型 2 | 模型 3 | 模型 4 | 模型 5 | 模型 6 |
|---|---|---|---|---|---|---|
| ln*d* | 0.073*<br>(1.85) | 0.116**<br>(2.37) | 0.213*<br>(1.99) | 0.152*<br>(1.89) | 0.225***<br>(−4.02) | 0.135*<br>(1.72) |
| lnGDP | −0.154**<br>(−2.13) | −0.187***<br>(−3.42) | −0.165***<br>(−2.81) | −0.124**<br>(−1.94) | −0.207***<br>(−3.25) | −0.194***<br>(−2.95) |
| lnPGDP | 0.201**<br>(2.44) | −0.104*<br>(−1.83) | −0.125<br>(−1.02) | 0.156**<br>(2.18) | 0.254<br>(1.43) | 0.186***<br>(3.93) |
| lninternet | −0.091<br>(−1.09) | −0.147<br>(−0.73) | −0.110<br>(−1.03) | −0.087<br>(−1.24) | −0.007*<br>(−1.72) | −0.023<br>(−1.43) |
| ln*st* | 0.043<br>(1.05) | 0.035<br>(0.80) | 0.029*<br>(1.72) | 0.046<br>(0.81) | 0.044*<br>(1.93) | 0.059<br>(0.95) |
| 年份/行业 | 控制 | 控制 | 控制 | 控制 | 控制 | 控制 |
| $R^2$ | 0.235 | 0.309 | 0.277 | 0.243 | 0.198 | 0.201 |
| 制度变量 | 政治稳定度 | 经济限制度 | 贪腐控制 | 政治人权与公民参政 | 政策有效性 | 法制程度 |

注:OLS 方法括号内为 *t* 统计值;* 为 10%显著水平;** 为 5%显著水平;*** 为 1%显著水平。

表 5.3 报告了生产率异质性影响企业对外直接投资区位选择的实证结果。距离、东道国市场规模、工资水平及信息便利度指标的估计结果与 5.1 节的实证结果基本一致,说明估计是稳健的。从东道国制度环境指标(ln*st*)来看,仅贪腐控制(Con. Cor)及政策有效性(Effect)两个指标的估计结果在 10%的水平下显著,说明东道国贪腐控制力度及政策有效性更显著地影响了生产率异质企业境外直接投资的区位选择①。贪腐控制(Con. Cor)及政策有效性(Effect)两个指标的估计系数为正,说明生产率越高的企业越倾向于投资政府清廉、政策执行更有效东道国,这样证实了 5.2.3 的假设。表 5.4 报告了技术异质性影响企业对外直接投资区位选择的实证结果。各变量的估计系数与表 5.3 一致,且东道国制度环境指标更为显著。特别地,除贪腐控制(Con. Cor)及政策有效性(Effect)两个指标外,政治稳定度(Stability)亦显著,说明技术水平越高的企业越倾向于投资政府更清廉、政策执行更有效及更稳定的东道国。

① 胡兵等认为东道国腐败程度对中国对外直接投资有显著影响。其作用力是制度中腐败的"润滑效应"及"摩擦效应"相互平衡的结果。

表 5.4 技术异质性与东道国制度环境的回归结果

| | 模型 1 | 模型 2 | 模型 3 | 模型 4 | 模型 5 | 模型 6 |
|---|---|---|---|---|---|---|
| ln*d* | 0.147*<br>(1.95) | 0.256***<br>(3.89) | 0.127<br>(0.95) | 0.152***<br>(4.91) | 0.216*<br>(1.89) | 0.219**<br>(2.05) |
| lnGDP | −0.381**<br>(−2.00) | −0.341***<br>(−5.51) | −0.269***<br>(−3.82) | −0.213***<br>(7.24) | −0.314***<br>(−3.76) | −0.167***<br>(−2.87) |
| lnPGDP | 0.206**<br>(2.21) | −0.179*<br>(−1.77) | −0.215*<br>(−1.94) | 0.326*<br>(1.81) | −0.209<br>(−1.07) | −0.254*<br>(−1.83) |
| lninternet | −0.151<br>(−1.44) | −0.097<br>(−1.02) | −0.103<br>(−1.13) | −0.051<br>(−1.04) | −0.091<br>(−1.42) | −0.196<br>(−1.33) |
| Stability | 0.173**<br>(2.20) | 0.146<br>(0.85) | 0.125*<br>(1.72) | 0.096<br>(0.81) | 0.046*<br>(1.95) | −0.125<br>(−0.73) |
| 年份/行业 | 控制 | 控制 | 控制 | 控制 | 控制 | 控制 |
| $R^2$ | 0.374 | 0.406 | 0.330 | 0.414 | 0.298 | 0.174 |
| 制度变量 | 政治稳定度 | 经济限制度 | 贪腐控制 | 政治人权与公民参政 | 政策有效性 | 法制程度 |

注：OLS 方法括号内为 *t* 统计值；* 为 10%显著水平；** 为 5%显著水平；*** 为 1%显著水平。

### 5.2.5 案例分析：制度环境与高效企业对外直接投资

上节的理论与实证研究表明生产率与技术水平越高的企业越倾向于投资政府更清廉、政策执行更有效及更稳定的东道国。本部分，我们以海尔公司为例，试图通过具体案例分析高效企业对外直接投资的制度环境偏好。

（一）海尔对外直接投资基本情况

在经济全球化的今天，想要满足更多消费者的需求，收获更多的顾客，作为一个国际化的企业，必定要在世界各国各地区进行直接投资。因此，海尔集团在 20 世纪 90 年代末开始进入“国际化战略发展阶段”，把重心放到了入驻国外市场。

与其他企业开始进行直接投资时争取短时间内取得利益、建立国际代工厂的发展模式不同，海尔进行 OFDI 开始，就明确提出了要创造属于自己品牌的战略，将自己的品牌出口，对海外用户在产品质量、技术标准、售后服务等多个角度都提出最高标准的承诺。统计显示，中国家电产量数量巨大，占到了全球总数量的 49.1%，但是只有极少数的家电用来出口，中国家电的出口量在海外市场占有的份额只有 2.89%，在这么少的份额中，海尔公司就占了 86.5%。2014 年底，欧睿国际发布的最新数据显示，海尔品牌全球零售量份额为 10.2%，连续六年蝉联全球白色家电第一品牌。可以说，海尔公司是家电行业当之无愧的佼佼者。

从数据统计来看，海尔公司的 OFDI 是成功的。其中，海尔公司最开始的市场发展策略对于海尔 OFDI 的成功有着至关重要的作用。在开始制定 OFDI 的发展策略时，海尔创新性地提出了“三步走”战略，首先来利用缝隙产品进入欧美等传统家电强国，适应东道国的市场，在当地严格的市场监管制度和顾客高要求的影响下，提升自身产品的竞争力，使企业拥有与本土企业进行竞争的资本，再通过生产满足大多数当地客户的需求的本土化产品进入东道国市场的主流渠道，充分利用东道国的资源，建成“三位一体”的本土化企业，并最终达到中高端创新产品市场的引领地位。对发达国家投资成功后，进一步带动其在发展中国家的品牌的发展。目前，海尔产品已销往海外 100 多个国家和地区。

海尔进入“全球化品牌战略发展阶段”后，在海外市场延续了之前快速的发展势头。在此期间，海尔在开拓海外市场建本土化企业的同时，还通过跨国企业并购，实现了海外市场的扩展和资源的整合。2011 年 10 月，海尔正式宣布收购三洋电机在日本和东南亚部分地区的白色家电业务，这一次并购不仅使海尔在日本与东南亚市场的布局得到了完善，更是通过差异化的文化融合和机制创新模式，将海尔“创牌”的品牌理念成功传达给并购来的组织和员工，实现了 Haier 和 Aqua 双品牌在日本和东南亚市场的整合和发展。一年后，海尔又收购了新西兰的家电品牌 Fisher&Paykel，进一步巩固加强了其在高端家电产品的研发和制造的能力。

（二）海尔对外直接投资区位选择

通过对海尔公司对外投资情况的搜索，本文整理了 2000 年至 2016 年海尔公司对外直接投资情况的调查，数据源于商务部中国境外投资企业名录，如表 5.5 所示。

**表 5.5　海尔公司对外投资情况调查表**

| 投资东道国/地区 | 经营范围 | 核准日期 |
| --- | --- | --- |
| 美国 | 销售、研发 | 2016/2/26 |
| 古巴 | 贸易 | 2015/12/23 |
| 中国香港 | 销售、进出口 | 2015/10/28 |
| 印度 | 生产、销售和进出口贸易 | 2015/9/7 |
| 韩国 | 进出口贸易、销售、存储及其售后服务 | 2015/8/14 |

续表 5.5

| 投资东道国/地区 | 经营范围 | 核准日期 |
|---|---|---|
| 阿拉伯联合酋长国 | 贸易 | 2015/8/14 |
| 南非 | 进出口及销售 | 2015/8/14 |
| 日本 | 销售 | 2015/8/14 |
| 日本 | 研发设计、销售 | 2015/8/14 |
| 泰国 | 生产和销售 | 2015/8/14 |
| 马来西亚 | 生产和销售 | 2015/8/14 |
| 中国香港 | 投资控股 | 2015/8/13 |
| 菲律宾 | 销售 | 2015/8/13 |
| 印度尼西亚 | 生产 | 2015/8/13 |
| 意大利 | 进出口贸易 | 2015/8/13 |
| 越南 | 生产 | 2015/8/13 |
| 俄罗斯联邦 | 制造与销售 | 2015/8/13 |
| 德国 | 销售及售后服务 | 2015/8/13 |
| 美国 | 设计、生产、销售 | 2015/8/13 |
| 英国 | 进出口与销售 | 2015/8/13 |
| 巴基斯坦 | 生产、销售 | 2015/8/13 |
| 印度 | 生产、销售和进出口贸易 | 2015/8/5 |
| 中国香港 | 投资、控股 | 2015/7/20 |
| 俄罗斯联邦 | 进出口、销售、存储及售后服务 | 2015/3/20 |
| 中国香港 | 进出口、销售、存储及售后服务 | 2015/1/19 |
| 中国香港 | 进出口、销售、存储、开发设计及售后服务 | 2012/6/27 |
| 中国香港 | 进出口、销售、存储及售后服务 | 2009/6/15 |
| 卡塔尔 | 制造、销售、仓储、代理 | 2008/8/20 |
| 日本 | 开发及销售;产品的出口、销售及技术支持 | 2008/5/6 |
| 巴基斯坦 | 基础设施、生产经营性与生活配套设施服务 | 2007/10/24 |
| 马来西亚 | 生产和销售 | 2007/5/16 |

续表 5.5

| 投资东道国/地区 | 经营范围 | 核准日期 |
|---|---|---|
| 澳大利亚 | 进出口业务 | 2007/5/10 |
| 英属维尔京群岛 | 特殊目的公司 | 2007/4/27 |
| 英属维尔京群岛 | 投资控股 | 2007/4/27 |
| 阿拉伯联合酋长国 | 市场调查、客户网络建设、销售信息分析 | 2007/3/23 |
| 约旦 | 生产和销售 | 2005/7/13 |
| 意大利 | 投资控股 | 2000/5/22 |

通过表 5.5 我们可以发现海尔公司在 20 世纪 90 年代末进入"国际化战略发展阶段",开始全力进军海外市场。海尔从 90 年代末开始进行对外投资,作为国内跨国投资企业中的成功典范,它不同于其他企业先易后难的顺序,而是选择制度环境较好的欧美作为对外投资的开始,在当地进行创牌投资,然后通过品牌打市场,希望在制度环境较好的欧美,通过激烈的竞争,让公司适应跨国经营,然后再通过在发达国家的成功带动其在发展中国家的经营。一个公司想成功,必须能够适应市场的需求,欧美市场作为比较完善的市场,对产品有着严苛的要求,要想在这样的市场占有市场份额,那么必须提高产品的质量,让市场成为检验自己的标准。从结果来看,海尔公司开始的选择是成功的。2000—2005 年海尔公司从在发达国家的投资经营中,总结了经验,开始将投资国家向约旦等发展中国家转移,在这些国家建厂,进行设计、生产和销售三位一体的本土化经营。作为发展中国家,制度环境较差,政治不太稳定,企业在这些国家可能遇到非市场竞争,不过中国企业同样是在这种不完全的市场中经营的,因此适应这种市场,善于利用关系网进行经营,所以海尔公司选择在这些国家进行投资,但是投资的国家比较少。2005—2010 年,海尔公司对外投资进入中期阶段,海尔公司的国际影响力提升,投资的国家(地区)明显增多。在这段时期,海尔对于中国香港、英属维尔京群岛的投资也是相当热衷,进行了大量的投资,其中对于英属维尔京群岛主要是控股投资和特殊类的公司,对于中国香港主要是进行进出口贸易、销售、存储和售后等业务。日本与中国香港的各方面制度指数相差不多,进行的投资类型也相差无几。对阿拉伯联合酋长国此类制度指数比较高,但是言论自由指数处于世界最底层的国家进行的投资主要是市场调查和客户分析。对于巴基斯坦、卡塔尔和马来西亚这些制度指数较

低的国家主要是进行工厂的投资，用于生产产品，作为自己公司的世界生产基地，进行微笑曲线的最低端的生产。近几年，海尔公司的对外投资涉及全世界的范围，在欧美亚的投资有了进一步增加，主要从事研发设计、进出口贸易和销售等业务。

综上，案例分析与理论研究一致，生产率、技术水平高的企业更可能在制度环境较好的东道国进行投资。

## 5.3 本章小结

对外直接投资与企业异质性是经济学家和政策制定者关注的两个重要议题。本章基于新新经济地理视角，对 Melitz、Helpman 及 Chen 的异质企业策略选择模型进行扩展，考察异质性如何影响企业跨国投资区位行为。理论模型表明，存在分类效应，东道国市场规模越小，地理距离越远，企业进入该东道国的门槛生产率越高。随后，采用上市企业的境外投资数据对理论分析进行验证，结果显示，境外投资企业内部的生产率存在较大程度的异质性，存在"随机的自我选择机制"，生产率较低的企业投资于邻近的、需求较大的市场，生产率较高的企业更有可能投资于市场需求较小的东道国，且拥有更多境外子公司和更广阔的地理空间分布。由于东道国市场规模及距离影响到企业进入该国的生产率门槛值，未达到生产率门槛值的企业很难在该东道国生存。

除东道国市场规模外，本章进一步探讨了异质性、东道国制度环境与境外直接投资的关系。东道国制度环境可对境外直接投资产生正面效应与负面效应。一方面，劣质的东道国制度环境会带来更高的不确定性，东道国制度环境可能与对外直接投资呈正相关；另一方面，政府腐败可能会加快审批程序，带来额外收益，东道国制度环境可能与对外直接投资呈负相关。企业异质性影响这两方面效应作用的程度。生产率或技术水平较高的企业更倾向投资于制度环境较优的东道国。实证部分，采用政治稳定度、经济限制度、贪腐控制、政治人权与公民参政、政策有效性、法制程度六个指标衡量东道国制度环境，结果显示生产率及技术水平越高的企业越倾向于投资政府更清廉、政策执行更有效的东道国。

# 第 6 章　企业异质性与对外直接投资绩效

第 4、5 章从理论及实证视角分析了企业异质性如何影响对外直接投资的行为(包括是否对外直接投资及在哪里开展投资)。本章将进一步从企业异质性与组织学习视角分析企业跨国投资绩效。

随着中国对外投资的规模及企业数目不断增加,对外投资企业的绩效问题引起各界激烈讨论,中国企业对外投资个案也成为网络上的热点话题。近年来,大量中国企业对外投资失败案例的披露甚至使群众对中国对外直接投资的必要性产生了怀疑。基于此,以下问题迫切需要进行深入研究:其一,企业通过对外直接投资是否提高了企业生产率,增加了营业收入,获得了先进的技术管理经验呢?对外投资企业绩效改进的机制与渠道是什么?其二,异质性是否影响了企业对外投资后的绩效呢?关于对外直接投资企业绩效的考察,从微观层面看事关企业的投资战略与发展能力;从宏观层面看影响到中国经济的可持续增长。

## 6.1　OFDI 影响企业绩效的机制分析

企业进行对外投资将增加高技能员工数量,吸收国际先进技术,面对更陌生、竞争更激烈的东道国市场或更严苛的消费者,更能促进企业绩效的提升。

### 6.1.1　对高技能工人的需求增加

境外直接投资对国内母公司雇员的影响是多方面的。一方面,如果境外直接投资完全复制母公司的生产经济活动，意味着国外市场的增长将带来境外子公司生产的增长，而不是母公司生产的增长，可能替代出口，则母公司的规模将缩小，从而减少母公司的雇员数目，尤其是低技术工人的数目。另一方面，若境外直接投资只复制一部分最终产品的生产，对母公司中间商品和服务需求的增加将增加掌握核心技术的雇员数。此外，在企业生产多种产品的情况下，境外直接投资可能会增加企业的市场渗透力，扩大市场需求。此外还需要考虑境外投资需要对境外子公司更多的监督，协调和控制地理位置分散的生产活动，即“总部服务”（如 R&D、金融、市场营销、物流等），而总部服务主要集中在母公司，这也将导致母公司具有核心技术或管理才能的员工数目的增加。事实上，Agarwal 认为：“对外直接投资为母公司创造在法律、行政和管理部门的就业机会，导致母国白领就业增加”。即使生产设施搬迁，母公司办公室的工作职能仍然维持，甚至有所增加。因此，无论是哪种情况，对外直接投资都将增加母公司对高技术及管理人才的需求。

### 6.1.2 学习动机及逆向技术溢出

相比较于发达国家企业，中国企业的技术水平与创新能力还相对较弱。通过对外直接投资和技术创新，企业可创造和加强自身特定优势，这较好地解释了中国企业对外直接投资行为，尤其是技术寻求型对外投资。相对于国内企业，跨国企业有更强烈的与国际接轨、获取先进技术意愿。跨国企业急需吸收已有的国际先进技术，发扬后发优势，努力提高自身的生产率水平及国际竞争力。

知识技术如何跨越国界，并通过何种手段与媒介在国际间流动？这些问题在过去的十年中备受国际著名学者关注。大量的理论研究与实证研究集中于探讨制成品的进出口作为知识溢出效应的渠道，认为国际贸易在一定程度上促进国际技术信息的溢出。事实上，商品流通并不是知识技术跨越国界的唯一手段，另一个显而易见的渠道是跨国直接投资。一些国家政策鼓励甚至补贴跨国企业的直接投资。例如，新加坡和马来西亚故意偏向于技术密集型产业的外商直接投资。他们认为，跨国企业子公司在境内的生产或研究活动可以使该国获得技术溢出效益。一些学者实证研究了对外直接投资的技术溢出效应。采用微观层面的数据，Aitken、Harrison、Keller、Yeaple、Haskel 等测算了发达国家间 FDI 的技术溢出。Javorcik 测算了外国直接投资在立陶宛的技术溢出。Branstetter 指出日本对美国的直接投资促进了两国间的知识技术溢出。

### 6.1.3　竞争与质量要求

另一方面，企业境外投资后的生产率优于国内企业，也可能源于外国市场更激烈的竞争及消费者对价值和质量更苛刻要求。Porter 将竞争和企业战略相联系，将竞争视为从对手企业获得市场份额的过程，竞争促使的企业发展的相关营销、广告和技术能力。Ospina 采用世界银行企业层面的调研数据，发现竞争与企业生产率之间存在显著的正相关。而对产品质量更高的要求，也将激励企业升级它们的生产、管理或技术。Krishnan 等对软件行业的实证研究表明，消费者对质量更高的要求显著地改进企业生产力。可见相对于国内企业，境外投资企业面对消费者更严苛的质量要求和更陌生、竞争更激烈的东道国市场，可能拥有更高的生产率及技术增长率。

## 6.2　异质性与 OFDI 学习效应

上一节考察了对外直接投资影响企业绩效的途径，本节进一步探讨异质性如何影响企业跨国投资后的绩效。境外投资初期，企业在东道国的市场力量通常较薄弱，且学习先进的技术及管理经验是中国企业对外直接投资的重要动机之一，基于此，本节着重分析异质性影响企业境外投资后期的技术与生产率的机制与途径。

### 6.2.1　机理框架

除了研发投资，企业还有很多方法获得新技术。对外直接投资是企业获得潜在技术转移的重要渠道。投资者可有两种方式获得技术：直接拥有和控制关联公司（垂直逆向溢出），或间接从东道国其他公司获得外溢效应（水平逆向溢出）。众多企业层面实证研究证实了技术在跨国企业子公司与母公司之间的直接转移。对外直接投资是技术转移的有效手段，通过跨国并购，企业无需额外支付费用购买标的公司的技术。相比许可协议和国际贸易，跨国直接投资也更容易促使较新技术的转让，进而对企业技术水平及效率具有直接的影响。

对转型期经济体的企业来说，对外直接投资是获取国外技术和生产率增长的一个重要手段。通过 OFDI，技术可以从东道国子公司逆向外溢至国内母公司。在这种情况下,东道国子公司通常比国内企业有更好的技术和组织能力,有利于提高国内母公司的内在价值。Kokko 指出技术至少可能通过四个效应扩散:示范模仿效应、竞争效应、外资联动效应和训练效应。但不是所有的溢出效应都是积极的,对外直接投资可以产生负外部性时,当东道国子公司具有卓越的技术力量时,投资公司可能难以消化吸收,也可以迫使投资企业退出。这些负外部性常被称为挤出效应。事实上,企业异质性是影响对外直接投资后绩效的重要因素。

国内企业的异质性,尤其是技术的异质性,决定了企业的逆向技术溢出的吸收能力。当东道国市场竞争激烈时,跨国公司倾向于投资科技发展程度高的子公司,东道国子公司现有人才及技术发展将导致最大可能的逆向技术溢出。引进吸收东道国子公司的技术将促进母公司开发新的技术,通过跨国并购,企业可吸收和传播从企业外部收集到的新知识,创造、扩散和商业化新技术。企业自身的技术水平是决定跨国直接投资技术吸收能力的重要因素。Perez 采用英国和意大利企业样本,Halpern 和 Murakozy 采用匈牙利企业样本,Ben 和 Lamia 采用瑞士企业样本,Nicolini 和 Resmini 采用保加利亚,波兰和罗马尼亚企业样本的实证研究都表明,如果国内外厂商之间的技术差距并不太大,知识溢出更频繁。生产率的异质性也是影响企业的吸收能力的重要因素。Keller 和 Yeaple 指出,美国案例表明,若想通过对外直接投资获取关键技术,较高的生产率是重要的先决条件。保加利亚、罗马尼亚和波兰的案例表明,只有生产率高的企业才能够吸收通过跨国直接投资获取的外部技术。

接下来,通过一个简单的模型进行阐述。假设每个企业都有一个生产函数

$$Y_{it}=Q^{i}(K_{it}^{\alpha}L_{it}^{\beta}T) \quad i=1,2,3,\cdots,n$$

其中:$Y_{it}$是企业 $i$ 在时刻 $t$ 的价值增值,它是 $K_{it}$,$L_{it}$,$T_{it}$(资本存量、员工数和技术)的特定函数。假设规模报酬并非不变,即 $r=\alpha+\beta\neq1$。对时间微分,得到:

$$y_{it}=\alpha k_{it}+\beta l_{it}+t_{it}$$

其中小写变量是 $K$,$L$ 和 $T$ 的对数增长率,并且 $\alpha$ 和 $\beta$ 表示 $k$ 和 $l$ 的产出弹性。假设技术冲击 $T$ 是内部的技术变量 $G_{it}$ 和逆向溢出效应 $Z_{it}$ 的函数:

$$T_{it}=f^{i}(G_{it}+Z_{it})$$

其中:$(F_{it},H_{it})\in G_{it}$,$(ES_{kt},HS_{kt},VSB_{kt})\in Z_{it}$。

其中的 $G_{it}$ 的影响因素是所有权 $F_{it}$ 和人力资本 $H_{it}$。$Z_{kt}$ 包括潜在的国内市场

逆向外溢 $ES_{kt}$（在行业 $k$ 的外部经济），对外直接投资带来的水平逆向溢出效应 $HS_{kt}$ 和垂直逆向溢出 $VSB_{kt}$。方程的基本思想是单个企业可以在内部提高其技术水平（通过适当的股权结构和自身的人力资本投资），和/或通过依靠外部来源知识溢出，如国内市场的逆向溢出效应，以及从跨国公司子公司的水平和垂直逆向溢出效应。关于对外直接投资的影响，跨国公司可以从子公司直接获取或从东道国的其他企业间接获取新的技术和组织管理经验。子公司的存在，一方面，直接影响企业生产率及技术水平，另一方面，也可以间接地加强跨国公司与当地企业沟通交流，提高知识技术变革和技术学习的速度。

虽然溢出效应是多方面的，大多数文献主要测算同一行业内企业之间溢出效应。这样做的原因是，行业的竞争影响比各行业的联动效应更容易衡量。为考察行业间的溢出，基于 Damijan 等的研究，设各行业拥有不同的投入产出系数。为区分行业间与行业内的溢出效应，定义行业内的溢出效应，或水平溢出效应，为外国子公司产出的函数：

$$HS_{kt} = \frac{\sum_{i=1}^{n}[FA_{ikt}(t,r) + DF_{ikt}]}{\sum_{i=1}^{n} FA_{ikt}(t,r)}$$

其中 $HS_{kt}$ 是在 $t$ 期行业 $k$ 水平溢出效应，$FA_{ikt}$ 和 $DF_{ikt}$ 分别是国外子公司和东道国企业 $i$ 在 $t$ 期 $k$ 行业的价值增值。溢出效应主要反映了竞争压力促使企业推出新产品，获取市场份额，并采用新的管理方法，以提高生产率。企业也可通过模仿、逆向工程、个人联系和工业间谍活动等方式获取新技术提高生产率，而这种学习能力均是初期技术 $t$ 与生产率 $r$ 的函数。事实上，国外子公司的产品可能有部分用于出口，考虑到出口 $EX_{ikt}$ 的影响，上式可表示为：

$$\overline{HS}_{kt} = \frac{\sum_{i=1}^{n}[FA_{ikt}(r,t) + DF_{ikt}]}{\sum_{i=1}^{n} FA_{ikt}(r,t)} * \left(1 - \sum_{i=1}^{n} \frac{EX_{ikt}}{Y_{ikt}}\right)$$

接下来考虑外国子公司的潜在垂直溢出效应，即外国子公司会受到上下游的影响，更优质的资源及下游厂商高的质量要求可促使企业提高技术能力和质量标准。垂直溢出 $VSB_{kt}$：

$$VSB_{kt} = \sum_{j,k=1}^{p} (\gamma_{krt} * HS_{kt})$$

其中，$\gamma_{krt}$ 是行业 $k$ 对行业的 $j$ 产出消费的比重。东道国子公司可能需从国内进口

部分原材料,考虑到这部分的影响,上式可表示为:

$$\overline{VSB}_{kt}=\sum_{j,k=1}^{p}(\gamma_{krt}*HS_{kt})*\left(\sum_{i=1}^{n}\frac{IM_{ikt}}{MA_{ikt}}-1\right),\quad r,k=1,2,3,\cdots,p$$

其中 $IM_{ikt}$ 和 $MA_{ikt}$ 为东道国子公司进口及原材料的成本。可见,水平的逆向溢出受到对外直接投资企业初期生产率、技术水平及东道国其他企业的影响;生产率、企业市场份额,母公司与子公司联系紧密程度影响了垂直的逆向溢出。而水平及垂直的逆向溢出进一步提高了企业整体的技术水平及生产效率。

### 6.2.2 假设提出

基于上文的理论分析,本部分提出后文实证检验的三个基本假设。

(一) 对外直接投资与企业绩效

对外直接投资企业可能比仅在国内生产销售的企业更迅速有效地提升企业绩效,这主要是由于:(1) 对外投资增加企业对高技能工人的需求。对外投资需要对境外子公司更多的监督、协调和控制地理位置分散的生产活动,即"总部服务"(如R&D、金融、市场营销、物流等),而总部服务主要集中在母公司,这将导致国内母公司具有核心技术或管理才能的员工数目的增加。(2) 从东道国获取的逆向技术的溢出。相比较于发达国家企业,中国企业的技术水平与创新能力相对较弱。跨国直接投资是知识技术跨越国界的重要渠道,通过对外直接投资,企业可吸收已有的国际先进技术,发扬后发优势提高自身的生产率及国际竞争力。(3) 东道国市场激烈的竞争及外国消费者可能比国内消费者在对待价值和质量方面更为苛刻。Ospina 采用世界银行的企业层面调研数据,发现竞争与企业生产率之间存在显著的正相关。而对产品质量更高的要求也将激励企业升级它们的生产、管理或技术。相对于国内企业,企业进行对外投资将增加高技能员工数量,吸收国际先进技术,同时面对更陌生、竞争更激烈的东道国市场或更严苛的消费者,更能促进企业绩效的提升。由此推论:

假设 1:相对于 OFDI 企业仅在国内生产与销售的情形(反事实),进行对外直接投资更有利于提升企业绩效。

(二) 投资区位选择与企业绩效

对外投资作为技术溢出重要的中介渠道,促进了知识技术在国际间流动。然而并非对所有地区的投资都使跨国企业获得了技术溢出。Hansson 发现,只有投资于中东欧国家(地区),瑞典企业的对外投资才显著提升了母公司的技能水平。对外投资的区位选择是国际投资领域关注的主要问题之一,对发达国家(地区)进行绿地投资或是并购当地具有技术优势的企业,可更接近新产品新技术的研发中心,获取逆向技术溢出。企业通过在发达国家(地区)设立境外分支机构,接触更先进的产品和生产过程,学习更高效的管理模式,更有利于提升自身的绩效水平。据此推论:

假设 2:相对投资于发展中国家(地区),企业投资于发达国家(地区)更有利于获取逆向技术溢出,提升自身生产率和技术水平。

(三) 异质性与企业绩效

国内企业的异质性,尤其是技术的异质性,决定了企业的逆向技术溢出的吸收能力。初始的技术水平越高,企业越有能力吸收和传播从子公司或东道国其他企业收集到的新知识,创造、扩散和商业化新技术。众多实证研究表明厂商之间的技术差距不太大,知识溢出更频繁。生产率的异质性也是影响企业的吸收能力的重要因素。Keller 和 Yeaple 指出,若想通过对外直接投资获取关键技术,较高的生产率是重要的先决条件。生产率及技术影响了企业通过对外直接投资获取的垂直逆向溢出及水平逆向溢出。生产率及技术水平高的企业有更强的向外学习的动机、接受新事物消化吸收新技术的能力。由此推论:

假设 3:技术水平或生产率越高,企业通过对外投资获得越多的绩效提升。

## 6.3　基于倾向分值匹配的实证分析

本节采用倾向分值匹配估计分析企业通过对外直接投资是否提升了绩效。首先构建实证模型并对样本变量进行说明,在第二小节估计匹配所采用的倾向分值。随后,在 6.2.3 节,检验假设 1 和 2,估计企业境外投资对生产率、营业收入和技术的影响,并分析是否投资于发达国家可获得更高的绩效溢价。最后,在进一步细分不同时期企业对外投资状态的基础上,进行稳健性检验。

### 6.3.1　模型构建与说明

首先,考察假设 1:相对于 OFDI 企业仅在国内生产与销售的情形,进行对外直接投资更有利于提升企业生产率(为简化分析,本部分仅采用生产率作为异质性指标进行模型推导)。定义企业潜在对外投资时间为 $t^0$，$t^-$ 与 $t^+$ 为企业对外投资的前期与后期。$D_{t^0}=1$ 表示，企业在 $t^0$ 期开始对外投资，$D_{t^0}=0$ 表示企业在 $t^0$ 未开始对外投资(在典型的评价术语中开始对外投资相当于接受"实验")。$TFP_{1t^+}$ 为 $t^0$ 期开始对外投资的企业在 $t^+$ 期的潜在生产率，$TFP_{0t^+}$ 为 $t^0$ 期未开展对外投资的企业在 $t^+$ 期的潜在生产率。$X_{t^-}$ 为既影响企业对外投资行为，又影响企业生产率的变量(协变量)。

对假设1的考察可表示为实验组的平均实验效应(ATT)，定义为：

$$ATT=E(TFP_{1t^+}-TFP_{0t^+}\mid D_{t^0}=1)=E(TDP_{1t^+}\mid D_{t^0}=1)-E(TDP_{0t^+}\mid D_{t^0}=1) \tag{6.1}$$

在此文中，$ATT$ 为企业对外投资对其生产率的平均影响。问题是，只能观测每家企业的 $TFP_{1t^+}$ 或 $TFP_{0t^+}$。OFDI 企业在 $t^+$ 期的生产率 $E(TDP_{1t^+}\mid D_{t^0}=1)$ 可以直接用观测数据估计，但缺乏数据估计对 OFDI 企业若不进行对外投资 $t^+$ 期的生产率 $E(TDP_{0t^+}\mid D_{t^0}=1)$，这称为反事实。如果对外投资并非随机的，可以采用可观测的 $E(TDP_{1t^+}\mid D_{t^0}=0)$ 替代不可观测的 $E(TDP_{1t^+}\mid D_{t^0}=1)$。存在选择性偏误的 $ATT$ 可表示为：

$$ATT=E(TDP_{1t^+}\mid D_{t^0}=1)-E(TDP_{1t^+}\mid D_{t^0}=0) \tag{6.2}$$

在实验中，随机性使得反事实的估计成为可能，但必须做出一些假设消除选择偏差。匹配的方法有效地解决了这一问题。假设控制 $X_{t^-}$ 时，$TFP_{0t^+}$ 与 $D_{t^0}$ 是独立的：$TFP_{0t^+}\perp D_{t^0}\mid X_{t^-}$，这被称为条件独立假设(CIA)。直观地，它假设实验组关于 $X_{t^-}$ 随机分布，这在某种意义上重构实验随机的特征。当 CIA 成立，可以用非 OFDI 企业 $t^+$ 期的生产率作为反事实结果，近似替代 OFDI 企业不对外投资时生产率的变化轨迹。Heckman 等指出，估计无偏的 $ATT$ 仅需要假设均值条件独立：

$$E(TDP_{0t^+}\mid X_{t^-},D_{t^0}=1)=E(TDP_{0t^+}\mid X_{t^-},D_{t^0}=0) \tag{6.3}$$

此外，匹配方法还需依赖一个前提条件：$Pr(D_{t^0}=1\mid X_{t^-})<1$。该条件防止 $X_{t^-}$ 完全预测实验状态，确保对于任一 $X_{t^-}$，一些企业选择对外投资，而另一些企业选择不对外投资。这也就意味着，对于每一个 $X_{t^-}$，能够构造反事实的结果。当 $X_{t^-}$ 具有高维度(即包括众多连续变量或离散变量)，对于所有维度的 $X_{t^-}$ 就很难找到可匹配的观测值。此时可采用匹配接受实验的条件概率(即倾向分值)降低匹配

维度，使能够匹配一个标量函数的协变量，而非匹配所有维度的协变量。

匹配估计为加权估计，采取参照组加权平均的观测结果来估计未观测实验组的反事实结果。对于 $ATT$，匹配估计可写为：

$$ATT = \frac{1}{n_1} \sum_{i \in \{D_{t0i}=1\}} \left[ TFP_{1t^+i} - \sum_{j \in \{D_{t0j}=0\}} w(i,j) TFP_{0t^+j} \right] \tag{6.4}$$

在后文的分析中，基于方程(6.4)进行匹配估计。其中，$n_1$ 是 OFDI 企业的样本数，$w(i,j)$是用以构造 OFDI 企业 $i$ 反事实的对照样本 $j$ 的替代权重。如何构造该权重代表了不同匹配方法，这涉及偏误与方差之间的权衡。例如，neighbor 匹配中各实验观察样本 $i$ 与最近邻的(以倾向分值的形式)参照组观测样本 $j$ 匹配，其权重$w(i,j) \in \{1,0\}$。neighbor 匹配减少方差却增加了偏误，因为更多的信息将被用于构造实验组反事实的结果。而 kernel 匹配法所得到的估计值偏误最小，但却增加了方差。因此本文采用 neighbor 匹配与 kernel 匹配两种加权方式进行估计。对于后者，将采用覆盖相当广时间间隔的不同频宽，因为在构建实验组反事实的结果时，更高的权重会赋予更远的观测值。

### 6.3.2 数据分析和统计性描述

为研究企业对外投资前后绩效轨迹，比较其与同期非对外投资企业绩效轨迹的差异，构造 OFDI 企业和非 OFDI 企业 2005—2011 年共 7 年的平衡面板。定义潜在进入国际投资市场的时间 $t$ 为 2007—2008 年，在此期间建立境外子公司的企业为 OFDI 企业，而非 OFDI 企业定义为 2005—2008 年均未对外投资的企业。对于每个企业都包含 7 年的时间跨度，以考察企业对外投资前 2 年及后 3 年绩效的变化。在分析中，将 OFDI 企业作为实验组，非 OFDI 企业作为参照组。其中，OFDI 企业总数为 83 家，非 OFDI 企业的总数为 1 312 家，共 1 395 家企业。此外，进一步根据企业投资动态细化分类，不仅依据 $t-2$ 至 $t$ 期企业的境外投资情况，同时还考虑到 $t+1$ 至 $t+3$ 期企业的投资状态。这将能够深入研究对外投资企业(持续对外投资或是随后离开对外投资市场)，及非对外投资企业(最终进入国际市场或始终不对外投资)投资决策对绩效的影响。

本节重点考虑企业对外投资后的生产率、营业收入与技术的变化，与前文一致，对于企业生产率，采用全要素生产率(TFP)估计。企业营业收入采用企业营业收入总额衡量。企业技术(Tech)用企业无形资产衡量，取 ln(1+无形资产总额)计入模型。此外，在进行匹配时还考虑到人均物质资本($K/L$)、规模(Sale)及所属行业的影响。其中，人均物质资本为物质资本总额除以企业员工数，规模用企业销售额表示，行业分类以中国证监会(CSRC)的《上市公司行业分类指引》为标准，将样本企业分为工业、房地产、金融、商业、公共事业及综合，采用1～6的虚拟变量计入。

在这里划分OFDI企业与非OFDI企业，并根据投资东道国对OFDI企业进行了细分。第5章的分析表明异质性将影响企业跨国投资的区位选择，在本节也引入区位因素进行分析，将东道国划分为发达国家(地区)和发展中国家(地区)。根据联合国开发计划署的划分标准，将《2010年人文发展报告》中人类发展指数不低于0.9的国家定义为发达国家，共43个国家(地区)①，其余为发展中国家(地区)。由于OFDI企业可能在多地区建立多家境外子公司，分类如下：若企业在发达国家(地区)建立过子公司，则定义其为投资于发达国家(地区)的OFDI企业，若企业从未在发达国家建立子公司，将其定义为仅投资于发展中国家(地区)的OFDI企业。

本节首先对用于匹配分析的倾向分值(即对外投资的概率)进行估计。倾向分值的变量包括理论和实证研究提出的影响对外投资决策及投资后绩效的常用变量。根据条件独立假设(CIA)，在已有理论与实证文献的基础上，将$X_{t^-}$设定如下：$t$期生产率、人均物质资本、规模及行业虚拟变量，试图找到对外投资当期($t$期)，与OFDI企业(实验组)类似的非OFDI企业(参照组)。

采用probit模型估计倾向分值，表6.1列出了估计的倾向分值。第一列给出了采用所有企业样本估计的倾向分值，发现对外投资概率随投资当期的销售额而增加，而企业$t$期生产率、人均物质资本及所属行业对境外投资行为的影响并不显著。当根据投资东道国与企业所有权性质进行细分后，各变量的符号均未发生变化。差异性仅表现于，对投资于发达地区的企业当期规模的积极作用似乎更为显著。与第4章分析一致，并未发现生产率越高的企业越有可能进行跨国投资。

---

① 44个发达国家和地区为：澳大利亚、奥地利、比利时、加拿大、捷克、丹麦、芬兰、法国、德国、希腊、匈牙利、冰岛、爱尔兰、意大利、日本、韩国、卢森堡、荷兰、新西兰、挪威、波兰、葡萄牙、斯洛伐克、西班牙、瑞典、瑞士、美国、英国、安道尔、巴林、新加坡、中国香港、巴巴多斯、文莱、塞浦路斯、爱沙尼亚、以色列、列支敦士登、马耳他、摩纳哥、卡塔尔、圣马力诺、斯洛文尼亚、阿联酋。

表 6.1　匹配 $t$ 期特征的倾向分值估计结果

| | 总体(1) | | 发达国家(地区)(2) | | 发展中国家(地区)(3) | |
|---|---|---|---|---|---|---|
| | 系数 | 标准差 | 系数 | 标准差 | 系数 | 标准差 |
| $\ln TFP_t$ | −0.079 | 0.109 | −0.027 | 0.142 | −0.121 | 0.133 |
| $\ln Sale_t$ | 0.245*** | 0.048 | 0.296*** | 0.066 | 0.178*** | 0.056 |
| $K/L_t$ | −4.07E−08 | 5.19E−08 | −8.60E−08 | 1.06E−07 | −2.04E−08 | 4.89E−08 |
| $\ln d_t$ | 0.066 | 0.069 | 0.048 | 0.094 | 0.076 | 0.083 |
| 样本 | 1 234 | | 1 202 | | 1 205 | |
| Pseudo $R^2$ | 0.069 | | 0.095 | | 0.041 | |
| log likelihood | −226.153 | | −123.645 | | −141.607 | |
| Prob>chi2 | 0.000 | | 0.000 | | 0.016 | |

注:采用 probit 估计倾向分值;* 为 10%显著水平;** 为 5%显著水平;*** 为 1%显著水平。

### 6.3.3　匹配估计的差异轨迹

本节采用以上的倾向分值匹配估计企业境外投资决策对 $t+1$ 至 $t+3$ 期生产率、营业收入及技术的影响。根据 OFDI 企业投资当期($t$ 期)特征匹配与其类似的非 OFDI 企业,基于方程(6.4)采用 neighbor 与 kernel 匹配两种计算权重的方法进行分析。对于 kernel 匹配法,沿用 Eliasson 等人的研究,使用的频宽为[0.001,0.01]。由于结果差异不大,为简化起见,仅报告频宽为 0.005 时 kernel 匹配的结果。

表 6.2 列出了 OFDI 企业及与其匹配的非 OFDI 企业 $t^+$ 期生产率的差异,这可以解释为境外投资对企业生产率影响的百分比。1～3 列为总体样本的生产率差异,4～6 列中 OFDI 企业对国家(地区)进行了投资,而 4～6 列中 OFDI 企业的投资东道国仅为发展中国家(地区)。1、4、7 列并未进行匹配,仅为 OFDI 企业与非 OFDI 企业生产率均值的差异。可以看出,$t+1$ 至 $t+3$ 期 OFDI 企业的生产率均值高于非 OFDI 企业,投资于发达国家(地区)的 OFDI 企业生产率均值最高,但统计上并不显著。经过匹配后,相对于与之匹配的非 OFDI 企业,$t+1$ 至 $t+3$ 期 OFDI 企业并未呈现出更高的生产率,相反总体 $ATT$ 的估计值均为负。当区分不同的投资地区时,neighbor 匹配的估计值虽然为正但统计上不显著,而 kernel 匹配估计的 $ATT$ 值在 $t+1$ 至 $t+3$ 期依然全部为负。总之,从表 6.2 来看,通过匹配企

业 $t$ 期特征,并未发现对外直接投资提升了企业生产率的证据。

**表 6.2　匹配企业 $t$ 期特征的生产率差异变化轨迹**

| | 总体 | | | 发达国家(地区) | | | 发展中国家(地区) | | |
|---|---|---|---|---|---|---|---|---|---|
| | (1) | (2) | (3) | (4) | (5) | (6) | (7) | (8) | (9) |
| | *Dif* | *ATT* | *ATT* | *Dif* | *ATT* | *ATT* | *Dif* | *ATT* | *ATT* |
| $t+1$ | 0.078<br>(0.100) | −0.130<br>(0.130) | −0.044<br>(0.086) | 0.148<br>(0.144) | 0.106<br>(0.184) | −0.059<br>(0.128) | 0.014<br>(0.137) | 0.128<br>(0.163) | −0.020<br>(0.100) |
| $t+2$ | 0.066<br>(0.108) | −0.165<br>(0.130) | −0.068<br>(0.086) | 0.151<br>(0.156) | 0.126<br>(0.173) | −0.062<br>(0.122) | −0.012<br>(0.148) | 0.089<br>(0.170) | −0.072<br>(0.104) |
| $t+3$ | 0.065<br>(0.108) | −0.127<br>(0.127) | −0.076<br>(0.086) | 0.111<br>(0.156) | 0.095<br>(0.173) | −0.113<br>(0.122) | 0.024<br>(0.149) | 0.024<br>(0.149) | −0.051<br>(0.106) |
| 方法 | Unmatch | neighbor | kernel | Unmatch | neighbor | kernel | Unmatch | neighbor | kernel |
| 实验组 | 61 | 61 | 61 | 29 | 29 | 29 | 32 | 32 | 32 |
| 参照组 | 1 173 | 1 173 | 1 173 | 1 173 | 1 173 | 1 173 | 1 173 | 1 173 | 1 173 |
| 总样本 | 1 234 | 1 234 | 1 234 | 1 202 | 1 202 | 1 202 | 1 205 | 1 205 | 1 205 |

注:采用 5.1 节估计的倾向分值,kernel 的频宽为 0.005,括号内为标准误。

接下来,对以上的匹配估计的可靠性进行平衡性检验。匹配估计的可靠性取决于是否满足 CIA 假设(即匹配后实验组与参照组 $t$ 期协变量不存在显著差异)。CIA 假设可通过计算实验组与参照组匹配后协变量的平均标准偏差进行检验,计算方法如下:

$$bias(TFP)=\frac{\frac{100}{n}\sum_{i\in(T=1)}\left[TFP_i-\sum_{j\in(T=0)}g(p_i,p_j)TFP_j\right]}{\sqrt{\frac{\mathrm{var}_{i\in(T=1)}(TFP_i)+\mathrm{var}_{i\in(T=1)}(TFP_j)}{2}}} \tag{6.5}$$

表 6.3 报告了总体样本匹配估计的平衡性检验结果。为节约篇幅,这里仅列出总体样本 neighbor 匹配估计的平衡性检验结果,其他样本及 kernel 匹配估计结果亦满足平衡性检验。首先是所有协变量使用倾向分值的平均标准偏差,匹配后标准偏差为−6.5 至 4.8,远低于 20 的临界值①。从偏差降低幅度来看,匹配显著降低了实验组与参照组 $t$ 期协变量的平均偏差。最后一列为 $T$ 检验的相伴概率,

① Rosenbaum 和 Rubin 指出平均标准偏差越低表明实验组与参照组协变量差异越小,当|平均标准偏差|>20 则匹配估计不可靠。

表 6.3　平衡性检验结果

| | 均值 | | 偏差 | 偏差降低幅度 | $t$ 值 | $p>\|t\|$ |
|---|---|---|---|---|---|---|
| | 实验组 | 参照组 | | | | |
| $\ln TFP_t$ | −0.793 | −0.750 | −6.5 | 67.3 | −0.42 | 0.674 |
| $\ln Sale_t$ | 21.798 | 21.714 | 4.8 | 92.2 | 0.29 | 0.773 |
| $K/L_t$ | 4.7E+05 | 4.2E+05 | 0.6 | 93.5 | 0.44 | 0.663 |
| $\ln d_t$ | 4.723 | 4.723 | 0.0 | 100.0 | 0.00 | 1.000 |

匹配后实验组与参照组在 $t$ 期生产率、规模、人均物质资本及所属行业方面均不存在显著差异。可见，平衡指标显示匹配已经相当成功地平衡了 OFDI 企业与非 OFDI 企业协变量之间的差异。经过匹配 OFDI 企业与非 OFDI 企业 $t$ 期属性统计上不存在显著差异，匹配估计可靠。

上文的倾向分值匹配估计表明，相对于国内企业，跨国投资企业并未获得明显的生产率溢价。企业生产率的测算可以反映市场力量及技术绩效。而企业跨国投资初期，在东道国的市场力量一般较弱，尤其是当其投资于技术更先进的东道国。TFP 的估计可能会低估 OFDI 企业的技术绩效，特别地，OFDI 企业可向东道国企业学习引进新的生产工艺和技术，真正的逆向知识溢出效应可能发生。因此本文亦测算 OFDI 企业的技术变化轨迹。

表 6.4 为 OFDI 企业与国内企业技术差异变化轨迹。可以看到，$t+1$ 至 $t+3$ 期 $ATT$ 的估计值都显著为正，说明对外投资提高了企业技术水平。相对于匹配的国内企业，对外投资使 OFDI 企业 $t+1$ 期技术水平提升了 1.655 或 0.860（根据 neighbor 或 kernel 匹配估计），这在一定程度上论证了相对于 OFDI 企业仅在国内生产与销售（反事实）的情形，进行对外直接投资更有利于技术提升（假设 1）。随着时间的推移（$t+1$ 至 $t+3$ 期），境外投资对技术的积极影响呈现逐年下降的趋势。从总体样本 kernel 匹配估计看，其正效应由 0.860（$t+1$ 期）降至 0.697（$t+2$ 期），$t+3$ 期仅为 0.477，且显著程度也逐年降低。当区分投资东道国时，很明显地，无论是 neighbor 匹配或 kernel 匹配，相对于仅投资于发展中地区的企业，投资于发达地区的企业各期均获得了更高的技术溢价。该实证结果支持了假设 2：企业投资于发达国家（地区）相对于发展中国家（地区），可获得更高的逆向技术溢出。此外，表 6.4 的匹配估计结果还表明，对投资于发展中国家（地区）的企业，对外投

资的积极作用似乎随着时间的推移呈现出更快的下降趋势，$t+1$ 期其正效应为 0.992，$t+3$ 期仅为 0.379。而对投资于发达国家(地区)的 OFDI 企业，对外投资的积极作用似乎更为稳定，其正效应由 $t+1$ 期 1.179 降至 $t+3$ 期 0.922(根据 kernel 匹配估计)。可见企业在发达国家(地区)建立境外子公司，不仅可获得更高的逆向技术溢出，且在中长期，境外投资对企业技术的积极影响亦更显著。

**表 6.4 匹配企业 $t$ 期特征的技术差异变化轨迹**

| | 总体 | | | 发达国家(地区) | | | 发展中国家(地区) | | |
|---|---|---|---|---|---|---|---|---|---|
| | (1) | (2) | (3) | (4) | (5) | (6) | (7) | (8) | (9) |
| | *Dif* | *ATT* | *ATT* | *Dif* | *ATT* | *ATT* | *Dif* | *ATT* | *ATT* |
| $t+1$ | 1.919***<br>(0.508) | 1.655**<br>(0.657) | 0.860***<br>(0.231) | 1.946**<br>(0.802) | 2.036*<br>(1.055) | 1.179***<br>(0.341) | 1.901***<br>(0.653) | 0.750<br>(0.796) | 0.992***<br>(0.288) |
| $t+2$ | 1.852***<br>(0.526) | 1.595**<br>(0.735) | 0.697**<br>(0.336) | 2.064**<br>(0.827) | 2.209**<br>(1.063) | 0.992***<br>(0.357) | 1.713**<br>(0.677) | 0.482<br>(0.885) | 0.626<br>(0.492) |
| $t+3$ | 1.636***<br>(0.492) | 1.355*<br>(0.701) | 0.477<br>(0.337) | 1.868**<br>(0.771) | 2.169**<br>(1.087) | 0.922**<br>(0.356) | 1.483<br>(0.633) | 0.043<br>(0.770) | 0.379<br>(0.496) |
| 方法 | Unmatch | neighbor | kernel | Unmatch | neighbor | kernel | Unmatch | neighbor | kernel |
| 实验组 | 83 | 83 | 83 | 33 | 33 | 33 | 50 | 50 | 50 |
| 参照组 | 1 312 | 1 312 | 1 312 | 1 312 | 1 312 | 1 312 | 1 312 | 1 312 | 1 312 |
| 总样本 | 1 395 | 1 395 | 1 395 | 1 345 | 1 345 | 1 345 | 1 362 | 1 362 | 1 362 |

注:括号内为近似标准误。* 为 10%显著水平;** 为 5%显著水平;*** 为 1%显著水平。

进一步地，测算企业对外直接投资对其营业收入的影响。表 6.5 显示，$t+1$ 至 $t+3$ 期 $ATT$ 的估计值都显著为正，说明对外投资增加了企业营业收入。在 $t+1$ 期，营业收入的 $ATT$ 估计值不显著，说明在境外直接投资并不能立即给企业带来更高的营业收入。而 $t+2$ 期与 $t+3$ 期，相对于匹配的国内企业，对外投资使 OFDI 企业生产率提升了 0.720 及 0.621(根据 kernel 匹配估计)，这在一定程度上论证了相对于 OFDI 企业仅在国内生产与销售(反事实)的情形，进行对外直接投资增加了企业营业收入(假设 1)，且在中长期，境外投资对企业营业收入的积极影响更显著。当区分投资东道国时，并未发现投资于发达国家(地区)相对于发展中国家(地区)获得了更高的营业收入，说明投资东道国的选择并未显著地影响企业境外投资后的营业收入轨迹。

表 6.5　匹配企业 $t$ 期特征的营业收入差异变化轨迹

| | 总体 | | | 发达国家(地区) | | | 发展中国家(地区) | | |
|---|---|---|---|---|---|---|---|---|---|
| | (1) | (2) | (3) | (4) | (5) | (6) | (7) | (8) | (9) |
| | *Dif* | *ATT* | *ATT* | *Dif* | *ATT* | *ATT* | *Dif* | *ATT* | *ATT* |
| $t+1$ | 1.208***<br>(4.39) | 0.143<br>(0.35) | 0.385<br>(1.28) | 1.054**<br>(2.50) | 0.119<br>(0.20) | 0.621<br>(1.32) | 1.323***<br>(3.73) | 0.184<br>(0.37) | 0.443<br>(1.14) |
| $t+2$ | 1.549***<br>(5.39) | 0.386<br>(0.80) | 0.720**<br>(2.52) | 1.518***<br>(3.35) | 0.285<br>(0.42) | 0.934*<br>(1.85) | 1.589***<br>(4.34) | 0.504<br>(0.95) | 0.773*<br>(2.43) |
| $t+3$ | 1.406***<br>(4.88) | 0.336<br>(0.66) | 0.621*<br>(1.74) | 1.275***<br>(2.77) | 0.150<br>(0.18) | 0.735<br>(1.06) | 1.500***<br>(4.14) | 0.491<br>(1.02) | 0.732*<br>(1.98) |
| 方法 | Unmatch | neighbor | kernel | Unmatch | neighbor | kernel | Unmatch | neighbor | kernel |
| 实验组 | 56 | | | 24 | | | 32 | | |
| 参照组 | 1 173 | | | 1 196 | | | 1 169 | | |
| 总样本 | 1 210 | | | 1 210 | | | 1 191 | | |

注:括号内为 $t$ 值。* 为 10%显著水平;** 为 5%显著水平;*** 为 1%显著水平。

上文分析中,假设生产率、营业收入及技术的提升产生于企业进入国际市场之后。为了验证这一假说,匹配 $t$ 期属性类似的 OFDI 企业与非 OFDI 企业,在两类企业 $t$ 期生产率及其他协变量相同的情况下,比较 OFDI 企业与非 OFDI 企业 $t^+$ 期的生产及技术绩效差异。这样的假设排除企业进入国际市场之前境外投资对绩效的影响,潜在 OFDI 企业与匹配的非 OFDI 企业前期绩效是无差异的。对外投资只可能在企业进入国际市场之后影响企业生产率及技术水平。

然而境外投资对生产率的影响可能会出现在企业对外投资之前。在潜在投资期前,企业努力提高他们的绩效水平以进入国际市场。例如,企业加大物质资本的投资,采用新的生产技术意图进入国际市场。或者,增加有核心技术或管理才能的员工数目,为"总部服务"储备人才。另一方面,相对于国内企业,境外投资企业要面对消费者更严苛的质量要求和更陌生、竞争更激烈的东道国市场。在对外投资前期,企业可能提高产品质量以满足国外消费者对质量更苛刻的要求,提升生产率及技术水平以适应国际市场更为激烈的竞争。在这种情况下,$t^-$ 期企业特征并非外生,相反,它是企业进入国际市场决策的内生变量。此时,"实验"的重点在于企业努力成为 OFDI 企业,而不是其实际实现的境外销售额。然而,前者是不可观测的,出于现实原因,只能假设每个有对外投资意愿的企业最终成了 OFDI 企业。为了检验境外投资

决策对 $t^-$ 期生产率的影响，必须让 OFDI 企业和匹配的非 OFDI 企业的生产率及其他企业属性在 $t^-$ 期体验到不同的发展轨迹。

在本节中，根据 OFDI 企业 $t-2$ 期(2005 年)的生产率及其他属性，寻找与之匹配的非 OFDI 企业作为参照组，这样的处理使得 OFDI 企业和非 OFDI 企业 $t^-$ 期特征分布更分散，使潜在投资期前，两类企业能面临不同的发展轨迹。倾向分值的估计结果见表 6.6。

**表 6.6　匹配 $t-2$ 期特征的倾向分值估计结果**

| | 总体 | | 发达国家(地区) | | 发展中国家(地区) | |
|---|---|---|---|---|---|---|
| | (1) | | (2) | | (3) | |
| | 系数 | 标准差 | 系数 | 标准差 | 系数 | 标准差 |
| $\ln TFP_{t-2}$ | −0.174 | 0.109 | −0.160 | 0.143 | −0.158 | 0.133 |
| $\ln Sale_{t-2}$ | 0.260*** | 0.053 | 0.282*** | 0.072 | 0.206*** | 0.064 |
| $K/L_{t-2}$ | −1.24E−07 | 9.84E−08 | −1.44E−07 | 1.50E−07 | −9.57E−08 | 1.11E−07 |
| $\ln d_{t-2}$ | 0.079 | 0.069 | 0.075 | 0.093 | 0.073 | 0.084 |
| 样本量 | 1 234 | | 1 202 | | 1 205 | |
| Pseudo $R^2$ | 0.064 | | 0.073 | | 0.046 | |
| log likelihood | −227.376 | | −126.697 | | −140.960 | |
| Prob>chi2 | 0.000 | | 0.000 | | 0.009 | |

注：括号内为 $t$ 值。* 为 10%显著水平；** 为 5%显著水平；*** 为 1%显著水平。

图 6.1 及表 6.7 显示了匹配 $t-2$ 期生产率、规模、人均物质资本及所属行业时，OFDI 企业和非 OFDI 企业 $t-1$ 至 $t+3$ 期生产率差异的变化轨迹。从总体样本来看，$t-1$ 期 OFDI 企业的生产率高于匹配的国内企业 6.1%(neighbor 匹配)或 9.2%(kernel 匹配)，但并不显著，这与前文研究一致。$t$ 期 OFDI 企业的生产率溢价虽有所下降但仍高于匹配的国内企业，$t$ 期 kernel 匹配估计的 *ATT* 值为 8.6%。然而境外投资对生产率的正效应呈现逐年递减的趋势，至 $t+3$ 期正效应已不复存在。当区分投资东道国时发现，投资于发达地区与投资于发展中地区的 OFDI 企业生产率变化趋势与总体样本保持一致，不同的是，投资于发达地区的 OFDI 企业的 *ATT* 估计值始终高于投资于发展中地区的 OFDI 企业的 *ATT* 估计值。这与 6.2 节的估计一致，进一步支持了假设 2。

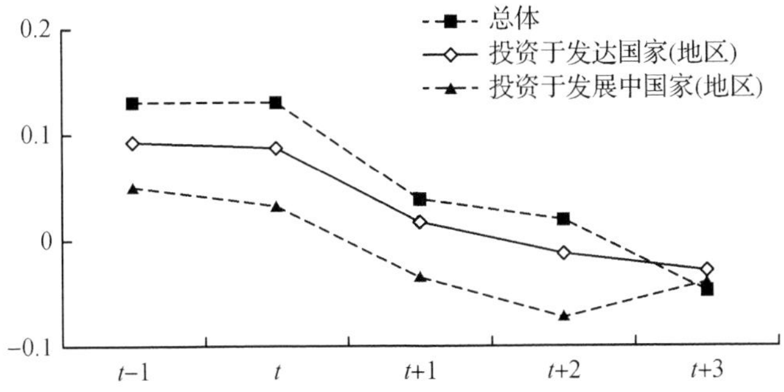


**图 6.1 生产率差异变化轨迹**

注:为表 6.7 中 kernel 匹配估计的 *ATT* 值。

**表 6.7 匹配企业 $t-2$ 期特征的生产率差异变化轨迹**

| | 总体 | | | 发达国家(地区) | | | 发展中国家(地区) | | |
|---|---|---|---|---|---|---|---|---|---|
| | (1) | (2) | (3) | (4) | (5) | (6) | (7) | (8) | (9) |
| | *Dif* | *ATT* | *ATT* | *Dif* | *ATT* | *ATT* | *Dif* | *ATT* | *ATT* |
| $t-1$ | 0.192** (0.097) | 0.061 (0.113) | 0.092 (0.080) | 0.262* (0.140) | 0.052 (0.195) | 0.130 (0.121) | 0.129 (0.133) | −0.058 (0.157) | 0.048 (0.098) |
| $t$ | 0.166* (0.098) | 0.039 (0.108) | 0.086 (0.078) | 0.251* (0.141) | 0.096 (0.163) | 0.130 (0.120) | 0.089 (0.134) | −0.159 | 0.030 (0.092) |
| $t+1$ | 0.169* (0.099) | −0.016 (0.114) | 0.016 (0.085) | 0.148 (0.144) | −0.059 (0.184) | 0.038 (0.131) | 0.014 (0.137) | −0.099 (0.158) | −0.036 (0.101) |
| $t+2$ | 0.066 (0.108) | −0.048 (0.115) | −0.014 (0.085) | 0.151 (0.156) | −0.092 (0.183) | 0.019 (0.125) | −0.012 (0.148) | −0.198 (0.165) | −0.074 (0.105) |
| $t+3$ | 0.065 (0.108) | −0.060 (0.127) | −0.029 (0.085) | 0.111 (0.156) | −0.234 (0.180) | −0.048 (0.125) | 0.024 (0.149) | −0.132 (0.159) | −0.039 (0.107) |
| 方法 | Unmatch | neighbor | kernel | Unmatch | neighbor | kernel | Unmatch | neighbor | kernel |
| 实验组 | 61 | 61 | 61 | 29 | 29 | 29 | 32 | 32 | 32 |
| 参照组 | 1 173 | 1 173 | 1 173 | 1 173 | 1 173 | 1 173 | 1 173 | 1 173 | 1 173 |
| 总样本 | 1 234 | 1 234 | 1 234 | 1 202 | 1 202 | 1 202 | 1 205 | 1 205 | 1 205 |

注:括号内为近似标准误。* 为 10%显著水平;** 为 5%显著水平;*** 为 1%显著水平。

接下来,本节考察 OFDI 企业与非 OFDI 企业 $t-1$ 至 $t+3$ 期技术差异的变化轨迹。图 6.2 及表 6.8 展示匹配估计的境外投资对企业无形资产的影响。明显的,对外投资提升了企业的技术水平,无论总体样本还是各细分样本各期的 *ATT* 估计值均为正,且更为显著,境外投资对技术的积极作用在投资前便存在了($t-1$ 期)。

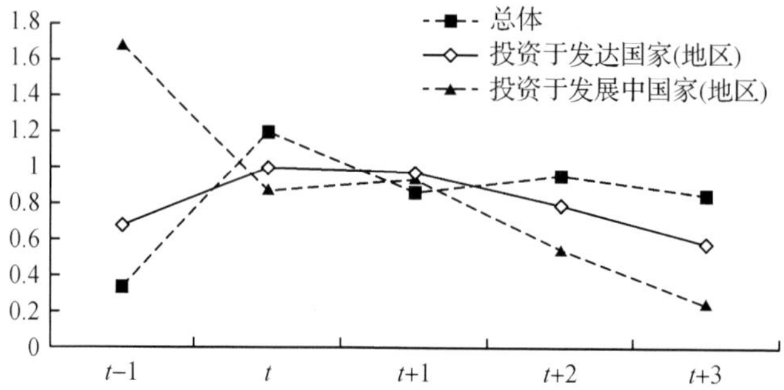


**图 6.2　技术差异变化轨迹**

注：为表 6.8 中 kernel 匹配估计的 *ATT* 值。

**表 6.8　匹配企业 *t*—2 期特征的技术差异变化轨迹**

| | 总体 | | | 发达国家（地区） | | | 发展中国家（地区） | | |
|---|---|---|---|---|---|---|---|---|---|
| | (1) | (2) | (3) | (4) | (5) | (6) | (7) | (8) | (9) |
| | *Dif* | *ATT* | *ATT* | *Dif* | *ATT* | *ATT* | *Dif* | *ATT* | *ATT* |
| *t*—1 | 1.317** (0.646) | 0.846 (0.841) | 0.682 (0.518) | 0.625 (0.935) | 2.078 (1.702) | 0.334 (0.981) | 1.944** (0.881) | 1.168 (0.907) | 1.684*** (0.297) |
| *t* | 1.836*** (0.594) | 0.449 (0.445) | 0.996*** (0.258) | 2.062** (0.860) | 1.486 (0.986) | 1.189*** (0.330) | 1.632** (0.820) | 0.429 (0.740) | 0.876*** (0.334) |
| *t*+1 | 1.948*** (0.604) | 1.081* (0.621) | 0.965*** (0.266) | 2.108** (0.874) | 0.689 (0.783) | 0.877*** (0.323) | 1.804** (0.833) | 0.486 (0.793) | 0.942** (0.362) |
| *t*+2 | 1.843*** (0.632) | 0.854 (0.691) | 0.783* (0.421) | 0.877** (0.323) | 0.702 (0.787) | 0.955*** (0.343) | 1.446* (0.872) | 0.461 (1.125) | 0.540 (0.703) |
| *t*+3 | 1.617*** (0.591) | 0.521 (0.627) | 0.571 (0.425) | 2.089** (0.849) | 0.691 (0.803) | 0.847** (0.347) | 1.188 (0.815) | 0.413 (1.141) | 0.255 (0.713) |
| 方法 | Unmatch | neighbor | kernel | Unmatch | neighbor | kernel | Unmatch | neighbor | kernel |
| 实验组 | 61 | 61 | 61 | 29 | 29 | 29 | 32 | 32 | 32 |
| 参照组 | 1 222 | 1 222 | 1 222 | 1 222 | 1 222 | 1 222 | 1 222 | 1 222 | 1 222 |
| 总样本 | 1 283 | 1 283 | 1 283 | 1 251 | 1 251 | 1 251 | 1 254 | 1 254 | 1 254 |

注：括号内为近似标准误。* 为 10%显著水平；** 为 5%显著水平；*** 为 1%显著水平。

总体样本的匹配估计显示，各期 OFDI 企业的技术水平都高于与之匹配的非 OFDI 企业，且两者技术差距基本保持稳定，*t*—1 至 *t*＋1 期技术差距略微扩大，*t*＋1 至 *t*＋3 期又呈现小幅下降的趋势。对于仅投资于发展中地区的 OFDI 企业，*ATT* 的估计值逐年下降，由 *t*—1 期的 1.684 下降至 *t*＋3 期的 0.255。而投资于发达地区的 OFDI 企业 $t-1$ 期的 $ATT$ 估计值相对较低(0.334)，$t$ 期大幅上升至1.189，随后保持在 0.847～0.955 之间(根据 kernel 匹配估计)。

进一步地，本节考察 OFDI 企业与非 OFDI 企业 $t-1$ 至 $t+3$ 期营业收入差异的变化轨迹。图 6.3 及表 6.9 显示匹配估计的境外投资对企业营业收入的影响。从整体来看，对外投资提升了企业的营业收入，无论总体样本还是各细分样本各期的 $ATT$ 估计值均为正。总体样本的匹配估计显示，各期 OFDI 企业的营业收入都高于与之匹配的非 OFDI 企业，且两者差距逐步扩大。对于仅投资于发展中国家(地区)的 OFDI 企业，$ATT$ 的估计值有较大的波动。而投资于发达国家(地区)的 OFDI 企业 $t-1$ 期的 $ATT$ 估计值相对较高，但 $t$ 期大幅回落，随后 $ATT$ 的估计值呈现逐步上升的趋势(根据 kernel 匹配估计)。

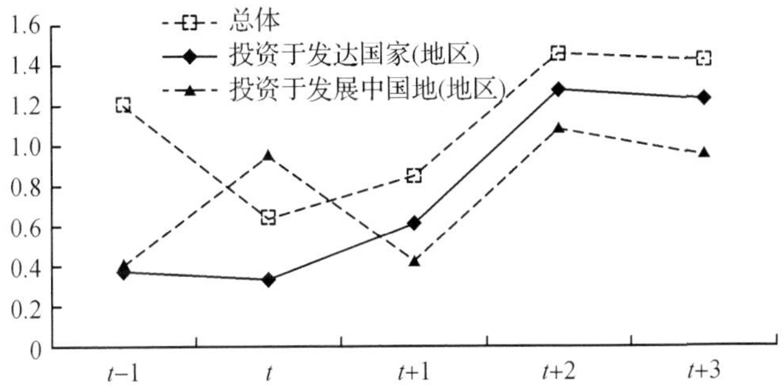


**图 6.3　营业收入差异变化轨迹**

注：为表 6.9 中 kernel 匹配估计的 $ATT$ 值。

**表 6.9　匹配企业 $t-2$ 期特征的营业收入差异变化轨迹**

| | 总体 | | | 发达国家(地区) | | | 发展中国家(地区) | | |
|---|---|---|---|---|---|---|---|---|---|
| | (1) | (2) | (3) | (4) | (5) | (6) | (7) | (8) | (9) |
| | *Dif* | *ATT* | *ATT* | *Dif* | *ATT* | *ATT* | *Dif* | *ATT* | *ATT* |
| $t-1$ | 0.387*** (3.21) | 0.554 (1.05) | 0.362** (2.29) | 1.644*** (3.6) | 0.469 (0.91) | 1.204*** (3.84) | 0.950** (2.30) | 0.080 (0.12) | 0.389 (1.01) |
| $t$ | 0.410*** (2.93) | 0.563 (1.11) | 0.333** (2.42) | 1.087** (2.15) | 0.150 (0.24) | 0.655 (1.41) | 1.477*** (3.16) | 0.667 (1.06) | 0.950** (2.13) |
| $t+1$ | 0.407** (2.66) | 0.385 (0.71) | 0.611 (1.48) | 1.228*** (2.77) | 0.340 (0.63) | 0.852* (1.93) | 0.919** (2.19) | 0.171 (0.28) | 0.426 (0.83) |
| $t+2$ | 1.705*** (3.93) | 1.005 (1.41) | 1.269*** (3.94) | 1.787*** (3.74) | 0.713 (1.36) | 1.453*** (3.26) | 1.494*** (3.33) | 0.781 (1.38) | 1.079** (2.67) |

续表 6.9

| | 总体 | | | 发达国家(地区) | | | 发展中国家(地区) | | |
|---|---|---|---|---|---|---|---|---|---|
| | (1) | (2) | (3) | (4) | (5) | (6) | (7) | (8) | (9) |
| | *Dif* | *ATT* | *ATT* | *Dif* | *ATT* | *ATT* | *Dif* | *ATT* | *ATT* |
| $t+3$ | 1.645***<br>(3.91) | 0.991*<br>(1.86) | 1.229***<br>(3.55) | 1.724***<br>(3.61) | 0.778<br>(1.16) | 1.414**<br>(2.71) | 1.397***<br>(3.23) | 0.701<br>(1.19) | 0.952**<br>(2.10) |
| 方法 | Unmatch | neighbor | kernel | Unmatch | neighbor | kernel | Unmatch | neighbor | kernel |
| 实验组 | 56 | | | 23 | | | 33 | | |
| 参照组 | 1 146 | | | 1 115 | | | 1 205 | | |
| 总样本 | 1 202 | | | 1 138 | | | 1 238 | | |

总之,当根据 OFDI 企业 $t-2$ 期的特征匹配与之类似的非 OFDI 企业时,发现企业进入国际投资市场后增加了无形资产投资,提升了业绩。区分投资东道国的匹配估计结果再次支持了假设 2,投资于发达国家(地区)的 OFDI 企业获得了更高的逆向技术溢出。需要注意的是,以上研究均是根据企业 $t-2$ 至 $t$ 期的投资状态进行划分,然而企业在 $t^-$ 期末进行对外投资,在 $t^+$ 期(2009—2011 年)可能成为 OFDI 企业,实际上对外投资的时间在的分析中扮演着十分重要的角色,必须根据企业投资状态的变化进行稳健性分析。

### 6.3.4 基于投资动态的稳健性检验

在本节中,将考虑到企业未来投资状况的变化,对计量结果进行稳健性检验。上文中定义 OFDI 企业(实验组)为 $t$ 期对外投资的企业,非 OFDI 企业(参照组)被定义为 $t-2$ 至 $t$ 期均未对外投资的企业。然而,企业的投资状态是一个动态的过程,一些企业跨国投资后可能留在国际市场进行新一轮投资(持续投资者),而其他可能不再开展新一轮的国际投资(停止投资者)。同样,$t-2$ 至 $t$ 期的非 OFDI 企业中,一些可能自始至终都不会对外投资(从未投资者),而其他可能在 $t^+$ 期进入国际投资市场(尚未投资者)。若仅根据 $t-2$ 至 $t$ 期的企业投资状态分类,可能混淆持续对外投资者与停止对外投资者,对于非 OFDI 企业,可能混淆从未对外投资者与尚未对外投资者。因此,接下来不仅根据企业 $t-2$ 至 $t$ 期的投资情况,同时考虑到企业 $t+1$ 至 $t+3$ 期的对外投资动态更详细分类,以进一步估计境外投资对企业生产率、营业收入及技术的影响。

由于实验组与参照组的界定涉及未来的情况，因此样本构成的变化可能会改变计量的结果及其解释。例如，上文得出对外投资会对企业业绩和技术产生积极的作用，若将实验组的范围缩小为持续投资者（不包括停止投资者），这可能将投资失败视为外生，会高估对外投资的效果。同样，如果只采用从未对外投资企业作为参照组（不包括尚未投资者）也可能高估对外投资的作用。实际上，问题在于试图将一个动态的过程（一些企业选择较早进入对外投资市场，一些决定随后进入，其他企业始终不愿意进入国际市场）转变为静态（企业一次性决定是否对外投资）。根据企业投资动态进行细分不仅可检验上文估计结果的稳健性，同时可以给出匹配估计 $ATT$ 值的变化区间。

考虑到企业未来的对外投资情况，把上文的 OFDI 企业（实验组）分为两小类：在 $t+1$ 到 $t+3$ 期至少有一期新建境外子公司的企业（持续投资者），及在 $t+1$ 到 $t+3$ 期均未新建境外子公司的企业（停止投资者）。此外，对上文的非 OFDI 企业（参照组）也进行细分：$t+1$ 到 $t+3$ 整个周期从未对外投资的企业（从未投资者）和在 $t+1$ 到 $t+3$ 期最终进入国际投资市场企业（尚未投资者）。图 6.4～6.6 及表 6.10、6.11 给出了不同类型企业生产率、技术及营业收入差异匹配估计的结果。

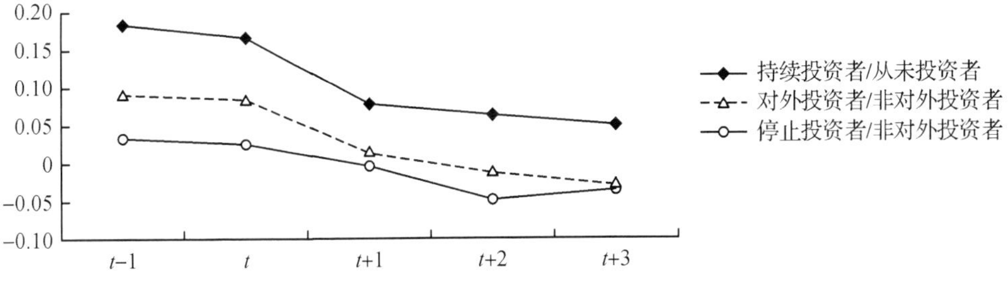


**图 6.4　生产率差异变化轨迹的稳健性分析**

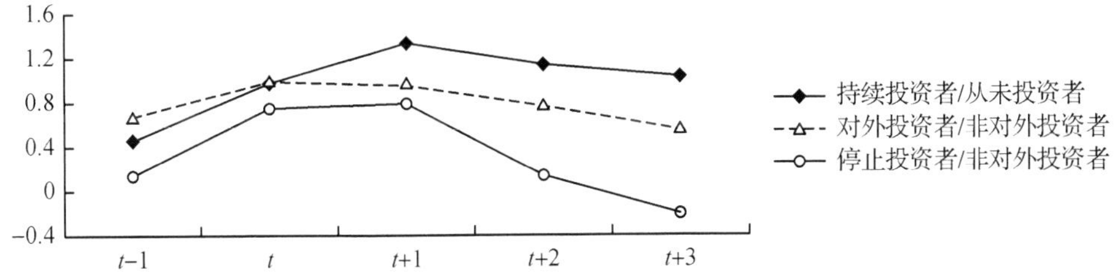


**图 6.5　技术水平差异变化轨迹的稳健性分析**

注：为表 6.10、6.11 中 kernel 匹配估计的 $ATT$ 值。

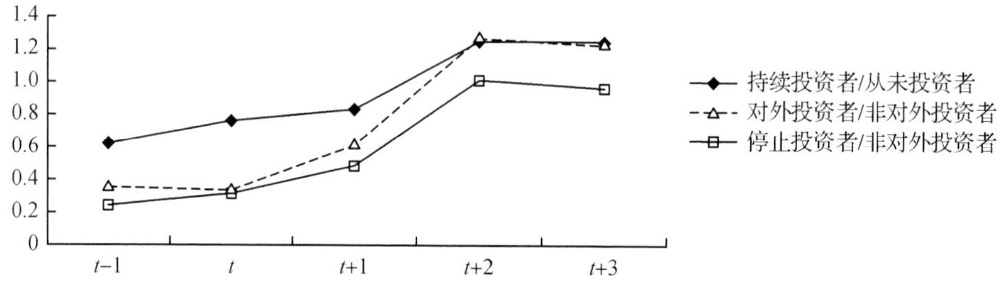


**图 6.6　营业收入差异变化轨迹的稳健性分析**

注：为表 6.10、6.11 中 kernel 匹配估计的 *ATT* 值。

由图 6.4～图 6.6 及表 6.10 可见，大部分 OFDI 企业在对外投资后三年内又新建了境外子公司(45 家)。38 家 OFDI 企业在 $t+1$ 到 $t+3$ 未新建境外子公司。对于非 OFDI 企业，似乎缺乏对外投资动力，只有 10.87%的企业最终进入对外投资市场，89.13%的企业 $t-1$ 至 $t+3$ 期从未对外投资。本节比较持续投资者相对于从未对外投资者，停止投资者相对非对外投资企业的生产率、技术及营业收入差异轨迹。构造的不同的子样本意味着估计的是一组新的实验参数。从图 6.4 至图 6.6

**表 6.10　持续投资者/从未投资者匹配估计结果**

| | TFP(1) | Tech(2) | Sale(3) | Tep(4) | Tech(5) | Sale(6) |
|---|---|---|---|---|---|---|
| $t-1$ | | | | 0.182*<br>(0.104) | 0.433<br>(0.677) | 0.612<br>(0.335) |
| $t$ | | | | 0.168<br>(0.103) | 0.998**<br>(0.410) | 0.761<br>(0.401) |
| $t+1$ | −0.047<br>(0.109) | 0.685<br>(0.444) | 0.422<br>(0.419) | 0.078<br>(0.105) | 1.333***<br>(0.410) | 0.834<br>(0.430) |
| $t+2$ | −0.035<br>(0.113) | 0.764<br>(0.471) | 0.727*<br>(0.404) | 0.062<br>(0.113) | 1.144***<br>(0.417) | 1.251<br>(0.396) |
| $t+3$ | −0.057<br>(0.114) | 0.596<br>(0.457) | 0.725<br>(0.511) | 0.048<br>(0.113) | 1.042**<br>(0.411) | 1.238***<br>(0.423) |
| 方法 | kernel | kernel | | kernel | kernel | |
| 实验组 | 39 | 45 | | 39 | 39 | 19 |
| 参照组 | 1 043 | 1 166 | | 1 043 | 1 091 | 987 |
| 总样本 | 1 082 | 1 211 | | 1 082 | 1 130 | 1 006 |

注：括号内为近似标准误。* 为 10%显著水平；** 为 5%显著水平；*** 为 1%显著水平。

表 6.11 停止投资者/非境外投资者匹配估计结果

| | TFP(1) | Tech(2) | Sale(3) | Tep(4) | Tech(5) | Sale(6) |
|---|---|---|---|---|---|---|
| $t-1$ | | | | 0.032<br>(0.116) | 0.133<br>(0.845) | 0.239<br>(0.412) |
| $t$ | | | | 0.025<br>(0.112) | 0.743**<br>(0.318) | 1.309***<br>(0.402) |
| $t+1$ | (0.029)<br>(0.146) | 0.945***<br>(0.265) | 0.512<br>(0.410) | 0.004<br>(0.146) | 0.787**<br>(0.341) | 0.480<br>(0.537) |
| $t+2$ | (0.074)<br>(0.130) | 0.623<br>(0.534) | 0.957**<br>(0.383) | 0.052<br>(0.130) | 0.127<br>(0.868) | 1.007***<br>(0.437) |
| $t+3$ | (0.043)<br>(0.133) | 0.294<br>(0.535) | 0.678<br>(0.470) | 0.037<br>(0.133) | 0.209<br>(0.871) | 0.948<br>(0.576) |
| 方法 | kernel | kernel | kernel | kernel | kernel | kernel |
| 实验组 | 22 | 38 | 19 | 22 | 22 | 19 |
| 参照组 | 1 173 | 1 316 | 1 010 | 1 173 | 1 224 | 1 010 |
| 总样本 | 1 195 | 1 354 | 1 029 | 1 195 | 1 246 | 1 029 |

注:括号内为近似标准误。* 为 10%显著水平;** 为 5%显著水平;*** 为 1%显著水平。

来看,持续投资者/从未投资者(Entrant-stayers/Never-entrants)的比较,不包括对外投资失败者和未来投资者,这导致实验效果 *ATT* 向上的估计。同样,停止投资者/非对外投资企业(Entrant-stoppers/Non-entrants)的比较,忽略不计持续对外投资的企业但包括未来的对外投资商,这导致实验效果向下的估计。然而,两组样本生产率、技术及营业收入差异的变化曲线与上文匹配估计的趋势一致(对外投资者/非对外投资者),说明本文的估计是稳健的。

## 6.4 联立方程实证估计

上一节的倾向分值匹配估计表明,对外直接投资提升了企业绩效。本节进一步考察异质性对企业 OFDI 绩效的影响,检验假设 3:前期技术水平或生产率越高,企业对外投资后将获得的绩效提升越多。

### 6.4.1 模型构建与变量说明

上文的分析表明,一方面,企业异质性影响企业境外直接投资后期生产率及技术改进；另一方面，企业境外直接投资决策亦受到异质性的影响。为对这两方面的效应进行考察，本节构建联立方程进行实证分析，计量方程如下，

$$\ln \varsigma_{it+} = \ln \varsigma_{it} + OFDI_{it} + \ln Z_{it} + \varepsilon_{it} \tag{6.6}$$

$$OFDI_{it} = \ln S_{it} + \ln \varsigma_{it} + \ln X_{it} + \varepsilon_{it} \tag{6.7}$$

其中，$\varsigma_{it+}$ 为企业 $t+1$ 至 $t+3$ 期的生产率或技术水平；$\varsigma_{it}$ 为企业 $t$ 期的生产率或技术水平；$OFDI$ 为企业是否对外投资的虚拟变量。第 4 章分析表明企业收入(Sale)是影响对外直接决策的重要变量，本节加入该因素，$S$ 为营业收入；$Z$ 为影响企业生产率或技术的控制变量。$X$ 为影响企业境外投资决策的控制变量。$\varepsilon$ 为误差项。

进一步地，为考察异质性对企业境外投资后业绩的影响，构建联立方程如下：

$$\ln R_{it+} = \ln \varsigma_{it} + OFDI_{it} + \ln Z_{it} + \varepsilon_{it} \tag{6.8}$$

$$OFDI_{it} = \ln S_{it} + \ln \varsigma_{it} + \ln X_{it} + \varepsilon_{it} \tag{6.9}$$

此外，为了单独考察企业生产率/技术异质性对企业投资后业绩的影响，本节还将样本范围仅限定为 OFDI 企业进行考察。为对比企业境外直接投资前后的差异，本节估计方程(6.5)与方程(6.6)，方程(6.5)为投资前期生产率/技术对企业投资当期业绩的影响；方程(6.6)显示了投资当期生产率/技术对企业投资后业绩的影响。估计方程如下：

$$\ln R_{it}^{OFDI} = \alpha_1 \ln \varsigma_{it-} + \alpha_2 \ln Z_{it-} + \varepsilon_{it-} \tag{6.10}$$

$$\ln R_{it+}^{OFDI} = \beta_1 \ln \varsigma_{it} + \beta_2 \ln Z_{it} + \varepsilon_{it} \tag{6.11}$$

生产率及技术水平指标与前文一致。企业境外投资后期业绩($R_{t+}$)继续沿用前文的营业收入指标；特别地，在稳健性分析中，还采用企业资产收益率(ROA)衡量 $R$ 以削弱成本的影响。对于控制变量 $Z$，考虑了企业所有权、劳动密集度及所属行业的影响。其中所有权结构(Ownership)采用企业的国有股股数占总股数的比重衡量，取 ln(1+国有股股数/总股数)；劳动密集度(LK)用企业应付职工薪酬占总营业成本的比重衡量。其中企业应付职工薪酬为企业根据有关规定应付给职工的各种薪酬。包括“工资”“职工福利”“住房公积金”“社会保险费”“工会经费”等。此外，我们还考虑了企业所有权及股权激励(Equity)的影响。企业所有权指标与上述一致；股权激励指标采用企业高管股份占企业总股权的份额进行衡量。本文还控制了企业所属行业(Indu)对回归的影响。根据中国证监会(CSRC)的《上市公司行业分类指引》为分类标准，将样本企业分为工业、房地产、金融、商业、公共事业及综合。

### 6.4.2 实证结果与分析

对由方程(6.6)和方程(6.7)构成的联立方程模型(SEM)，本节首先采用单一方程估计——两阶段最小二乘(2SLS)进行估计。表 6.12 及表 6.13 估计了方程(6.6)与方程(6.7)，报告生产率/技术异质性对企业境外直接投资后期生产率/技术的影响。表 6.14 及表 6.15 估计了方程(6.8)与方程(6.9)，报告生产率/技术异质性对企业境外直接投资后期业绩的影响。

表 6.13 显示了异质性变量为企业全要素生产率的两阶段最小二乘(2SLS)的估计结果。模型 1 和模型 3 分别为 $t+1$ 至 $t+3$ 期。所有估计模型中，投资当期生产率与企业境外投资后期生产率均正相关，且均在 1%水平下显著，这与理论研究一致。估计系数在 0.537 4 至 0.693 6 之间，并呈现逐年略微下降的趋势。OFDI 的估计系数显著为正，再次验证了境外直接投资提升了企业生产率。企业所有制

**表 6.12 生产率异质性与学习效应的 2SLS 估计**

| 因变量 | 自变量 | (1) | | (2) | | (3) | |
|---|---|---|---|---|---|---|---|
| | | 系数 | $T$ 值 | 系数 | $T$ 值 | 系数 | $T$ 值 |
| $\ln TFP_{t+}$ | $\ln TFP_t$ | 0.693 6*** | 28.66 | 0.574 9*** | 20.05 | 0.537 4*** | 15.91 |
| | OFDI | 2.013 2*** | 3.07 | 2.530 6*** | 3.19 | 3.398 9*** | 3.63 |
| | Ownership | −0.075 0 | −1.15 | −0.058 6 | −0.74 | −0.020 4 | −0.22 |
| | LK | 0.000 0*** | 3.27 | 0.000 0** | 2.37 | 0.000 0** | 2.16 |
| | Indu | 0.063 7*** | 3.83 | 0.106 3*** | 5.28 | 0.137 3*** | 5.77 |
| | F-Stat | 203.68 | | 111.36 | | 76.11 | |
| OFDI | $\ln TFP_t$ | 0.003 4 | 0.52 | 0.002 9 | 0.45 | 0.003 1 | 0.49 |
| | Ownership | −0.052 8*** | −2.64 | −0.053 2*** | −2.65 | −0.052 9*** | −2.64 |
| | Equity | −0.011 1 | −0.26 | −0.010 7 | −0.25 | −0.011 1 | −0.26 |
| | Sale | 0.016 6*** | 5.58 | 0.016 6*** | 5.56 | 0.016 5*** | 5.56 |
| | Indu | 0.006 5 | 1.46 | 0.006 5 | 1.47 | 0.006 5 | 1.46 |
| | F-Stat | 7.89 | | 7.86 | | 7.85 | |
| | 时期 | $t+1$ | | $t+2$ | | $t+3$ | |
| | 观测值 | 1 285 | | 1 281 | | 1 283 | |

注：* 为 10%显著水平；** 为 5%显著水平；*** 为 1%显著水平。

表 6.13　技术异质性与学习效应的 2SLS 估计

| 因变量 | 自变量 | (1) | | (2) | | (3) | |
|---|---|---|---|---|---|---|---|
| | | 系数 | $T$ 值 | 系数 | $T$ 值 | 系数 | $T$ 值 |
| $\ln Tech_{t+}$ | $\ln Tech_t$ | 0.686 8*** | 20.19 | 0.585 8*** | 13.42 | 0.478 7*** | 10.85 |
| | OFDI | 23.750 1*** | 3.97 | 32.351 1*** | 4.21 | 32.989 5 | 4.25 |
| | Ownership | 1.7137*** | 3.23 | 2.221 8*** | 3.26 | 1.998 2 | 2.9 |
| | LK | 0.000 0 | 0.70 | 0.000 0 | 0.85 | 0.000 0 | 0.73 |
| | Indu | −0.047 7 | −0.41 | −0.021 7 | −0.15 | −0.058 6 | −0.39 |
| | F-Stat | 150.49 | | 77.35 | | 55.13 | |
| OFDI | $\ln Tech_t$ | 0.002 0** | 2.07 | 0.002 0** | 2.07 | 0.002 0** | 2.07 |
| | Ownership | −0.051 3*** | −2.63 | −0.051 3*** | −2.63 | −0.051 3*** | −2.63 |
| | Equity | −0.016 6 | −0.4 | −0.016 6 | −0.40 | −0.016 6 | −0.4 |
| | Sale | 0.013 7*** | 4.81 | 0.013 7*** | 4.81 | 0.013 7*** | 4.81 |
| | Indu | 0.008 2** | 2.10 | 0.008 2** | 2.10 | 0.008 2** | 2.10 |
| | F-Stat | 8.36 | | 8.36 | | 8.36 | |
| | 时期 | $t+1$ | | $t+2$ | | $t+3$ | |
| | 观测值 | 1 316 | | 1 316 | | 1 316 | |

注：* 为 10%显著水平；** 为 5%显著水平；*** 为 1%显著水平。

变量为负但不显著，说明所有制并非影响企业生产率的关键变量。劳动密集度指标显著为正，但估计系数很小。从因变量为 OFDI 的估计来看，与第 4 章的估计结果一致，生产率指标为正却不显著，而企业投资决策与当期营业收入显著正相关。说明相对于生产率，企业更可能根据营业收入水平进行境外投资决策。

表 6.13 显示了异质性变量为企业技术水平的两阶段最小二乘(2SLS)的估计结果。所有估计模型中，投资当期技术水平与企业境外投资后期技术均显著正相关，且同样呈现逐年略微下降的趋势。$t+1$ 期的 0.686 8 至 $t+2$ 期的 0.585 8，$t+3$ 期为 0.478 7。估计结果支持了理论假设 3：技术水平或生产率越高，对外投资企业的学习能力越强。总体看来，表 6.12 与表 6.13 大多数变量的估计系数显著且方程的 F-Stat 检验也均在 1%的水平下显著，说明方程的设定及变量的选取是合理的。

表 6.14　生产率异质性与境外投资后业绩的 2SLS 估计

| 因变量 | 自变量 | (1) | | (2) | | (3) | |
|---|---|---|---|---|---|---|---|
| | | 系数 | T 值 | 系数 | T 值 | 系数 | T 值 |
| $\ln Sale_{+}$ | $\ln TFP_t$ | 0.424 1* | 1.72 | 0.441 2* | 1.76 | 0.362 1 | 1.54 |
| | OFDI | 42.235 3*** | 6.96 | 42.088 2*** | 6.95 | 40.649 7*** | 6.92 |
| | Ownership | 3.453 1*** | 4.72 | 3.463 4*** | 4.73 | 3.346 6*** | 4.72 |
| | LK | 8.88E−09 | 0.60 | 8.59E−09 | 0.58 | 8.42E−09 | 0.59 |
| | Indu | −0.094 75 | −0.52 | −0.077 87 | −0.43 | −0.084 06 | −0.48 |
| | F-Stat | 12.91 | | 12.94 | | 12.59 | |
| OFDI | $\ln TFP_t$ | 0.015 3** | 2.32 | 0.015 3** | 2.28 | 0.015 7** | 2.4 |
| | Ownership | −0.083 7*** | −4.16 | −0.083 9*** | −4.16 | −0.083 8*** | −4.15 |
| | Equity | 0.008 3 | 0.2 | 0.008 5 | 0.2 | 0.008 1 | 0.19 |
| | Sale | 0.023 1*** | 6.94 | 0.023 2*** | 6.94 | 0.023 1*** | 6.93 |
| | Indu | 0.001 8 | 0.43 | 0.001 9 | 0.44 | 0.002 0 | 0.46 |
| | F-Stat | 11.74 | | 11.75 | | 11.71 | |
| | 时期 | $t+1$ | | $t+2$ | | $t+3$ | |
| | 观测值 | 1 390 | | 1 387 | | 1 388 | |

注：* 为 10%显著水平；** 为 5%显著水平；*** 为 1%显著水平。

表 6.14 显示了生产率异质性对企业境外投资后业绩的影响。投资前期生产率与企业境外投资后 $t+1$ 与 $t+2$ 期业绩正相关，这与理论研究一致。估计系数在 0.4 左右，说明境外投资前企业的生产率越高，越有助于企业获得更好的业绩。在 $t+3$ 期，企业 $t$ 期生产率对业绩的影响不显著。OFDI 的估计系数显著为正，再次验证了境外直接投资有助于提升企业业绩。表 6.15 显示了异质性变量为企业技术水平的估计结果。所有估计模型中，投资当期技术水平与企业境外投资后期业绩的估计系数为正，但不显著。其他变量与上文的估计大体一致，F-Stat 检验也均在 1%的水平下显著。

表 6.16 报告了方程(6.10)的估计结果，采用 OLS 估计，样本仅为境外直接投资企业。从表 6.16 看，在 $t-2$ 至 $t-1$ 期，TFP 与 Tech 的估计值都显著为正，TFP 的估计值在 1 左右，仅在 $t-2$ 期显著；Tech 的估计系数约为 0.13，但均不显著。总体来看，调整的 $R^2$ 亦较低，可见在企业境外直接投资前期，企业效率对企业业绩的影响并不十分显著。

**表 6.15　技术异质性与境外投资后业绩的 2SLS 估计**

| 因变量 | 自变量 | (1) | | (2) | | (3) | |
|---|---|---|---|---|---|---|---|
| | | 系数 | $T$ 值 | 系数 | $T$ 值 | 系数 | $T$ 值 |
| lnSale$_{t+}$ | lnTech$_t$ | 0.047 2 | 0.84 | 0.053 5 | 0.95 | 0.055 5 | 1.01 |
| | OFDI | 49.753 5*** | 6.03 | 49.991 3*** | 6.02 | 47.950 3*** | 5.97 |
| | Ownership | 3.809 4*** | 4.26 | 3.841 8*** | 4.26 | 3.709 2*** | 4.29 |
| | LK | 1.08E−08 | 0.62 | 1.04E−08 | 0.6 | 1.01E−08 | 0.6 |
| | Indu | −0.007 49 | −0.04 | 0.014 533 | 0.07 | −0.003 62 | −0.02 |
| | F-Stat | 9.24 | | 9.12 | | 8.94 | |
| OFDI | lnTech$_t$ | 0.001 3 | 1.27 | 0.001 3 | 1.21 | 0.001 3 | 1.27 |
| | Ownership | −0.076 5*** | −3.82 | −0.076 8*** | −3.83 | −0.076 3*** | −3.81 |
| | Equity | 0.008 2 | 0.2 | 0.008 6 | 0.2 | 0.008 0 | 0.19 |
| | Sale | 0.018 1*** | 5.97 | 0.018 3*** | 5.98 | 0.018 0*** | 5.93 |
| | Indu | −0.001 0 | −0.24 | −0.001 0 | −0.23 | −0.001 0 | −0.24 |
| | F-Stat | 10.96 | | 10.97 | | 10.85 | |
| | 时期 | $t+1$ | | $t+2$ | | $t+3$ | |
| | 观测值 | 1 390 | | 1 387 | | 1 388 | |

注：* 为 10%显著水平；** 为 5%显著水平；*** 为 1%显著水平。

**表 6.16　异质性影响 OFDI 企业 $t$ 期业绩的估计结果**

| 因变量 | 自变量 | (1) | | (2) | |
|---|---|---|---|---|---|
| | | 系数 | $T$ 值 | 系数 | $T$ 值 |
| lnSale$_t$ | lnTFP$_{t-}$ | 1.003 0** | 2.5 | 1.023 1 | 1.52 |
| | lnTech$_{t-}$ | 0.133 1 | 1.6 | 0.133 9 | 1.58 |
| | Ownership$_{t-}$ | 0.711 0 | 0.59 | 0.918 5 | 0.64 |
| | LK$_{t-}$ | 2.24E−07 | 0.48 | 3.91E−07 | 0.8 |
| | Indu$_{t-}$ | −0.113 7 | −0.24 | 0.172 9 | 0.36 |
| | _Cons$_{t-}$ | 20.557 7*** | 7.43 | 18.610 2*** | 6.22 |
| | 时期 | $t-2$ | | $t-1$ | |
| | Adj $R^2$ | 0.261 3 | | 0.172 6 | |

注：* 为 10%显著水平；** 为 5%显著水平；*** 为 1%显著水平。

表 6.17 报告了方程(6.11)的估计结果，样本仅为境外直接投资企业。从表 6.17看，在 $t+1$ 至 $t+3$ 期，TFP 与 Tech 的估计值都显著为正，TFP 的估计值在 1.02 至 1.06 之间；Tech 的估计系数在 0.9 以上，且均在 1%的水平下显著。说明，企业境外直接投资当期的生产率或技术水平越高，越有助于企业获得更好的业绩。特别地，相对于企业境外投资前期，$t+$期 TFP 的估计系数均显著且估计值略微提高；Tech 的估计值大幅增加，且系数由不显著变为在 1%的水平下显著；调整的 $R^2$ 也有较大幅度的提高，说明投资后企业效率，尤其是技术效率对企业业绩的影响力增强。

**表 6.17 异质性影响 OFDI 企业 $t+$期业绩的估计结果**

| 自变量 | (1) | | (2) | | (3) | |
|---|---|---|---|---|---|---|
| | 系数 | $T$ 值 | 系数 | $T$ 值 | 系数 | $T$ 值 |
| $\ln TFP_t$ | 1.024 5** | 2.22 | 1.040 8** | 2.14 | 1.055 3* | 1.92 |
| $\ln Tech_t$ | 0.905 1*** | 7.98 | 0.915 6*** | 7.69 | 0.910 5*** | 6.76 |
| $Ownership_t$ | −0.441 3 | −0.73 | −0.461 1 | −0.73 | −0.385 7 | −0.54 |
| $LK_t$ | 7.13E−08 | 0.44 | 9.56E−08 | 0.57 | 3.14E−08 | 0.16 |
| $Indu_t$ | −0.200 9 | −0.63 | −0.231 8 | −0.69 | −0.290 4 | −0.77 |
| $\_Cons_t$ | 7.581 0*** | 3.71 | 7.854 9*** | 3.66 | 8.324 2*** | 3.43 |
| 时期 | $t+1$ | | $t+2$ | | $t+3$ | |
| Adj $R^2$ | 0.648 9 | | 0.627 9 | | 0.556 7 | |

注：* 为 10%显著水平；** 为 5%显著水平；*** 为 1%显著水平。

## 6.5 本章小结

本章理论及实证分析了企业异质性与境外直接投资绩效的关系。其贡献在于：一是理论分析了境外直接投资影响企业绩效的机制与途径，并探讨了异质性如何作用于垂直及水平逆向溢出。二是从微观层面分析中国企业对外直接投资（并非仅考虑跨国并购也包括绿地投资）是否提升了企业绩效，对于企业绩效估计并非依靠股票市场收益，而是采用企业的全要素生产率、技术及营业收入指标，以全面反映企业绩效。分析方法并非进行案例分析或回归分析，而是采用倾向分析匹配估计，将对外投资企业（OFDI 企业）作为实验组，非对外投资企业（非 OFDI 企业）作为参照组，通过对比实验组企业与参照组企业在生产率、营业收入及技术上的差异来判断对外直接投资行为与企业绩效之间的因果关系。三是理清企业生产率及技术异质性如何影响了 OFDI 企业的绩效。采用两阶段最小二乘估计法估计联立方程，实证分析技术水平或生产率越高的企业对外投资的学习能力是否越强①。

本文采用 2005—2011 年上市企业的微观数据，基于 neighbor 与 kernel 倾向分值匹配方法估计境外直接投资对企业绩效的影响。发现：(1) 对外投资后，OFDI 企业的生产率并未显著高于匹配的非 OFDI 企业，但是 OFDI 企业确实获得了技术绩效的提升，然而跨国投资对技术的正效应呈现出逐年下降的趋势。(2) 相对于仅投资于发展中国家(地区)的 OFDI 企业，投资于发达国家(地区)的企业获得了更多的绩效改进。(3) 即使在对外投资前，OFDI 企业与非 OFDI 企业间也存在显著的差异，对外投资倾向促使企业增加无形资产投资。(4) 考虑到 $t+1$ 至 $t+3$ 期企业对外投资动态时，以上的回归结果依然稳健。特别地，持续投资的 OFDI 企业获得了更高的生产率及技术溢价。(5) 异质性显著影响了企业境外直接投资后期的绩效，2SLS 估计的投资当期生产率的估计系数显著为正。

企业通过对外投资获得了绩效提升，说明企业通过建立境外子公司积极参与全球竞争促进了企业的可持续发展，同时也为政府"走出去"政策提供有力的微观依据。异质性影响企业对外直接投资学习能力的结论对于中国企业对外直接投资的战略选择以及政府"走出去"战略的制定也具有一定的参考意义。

① 虽然回归和匹配方法均是基于条件独立的基础上推论因果关系的实证方法，但两者存在显著差异。首先，与回归分析不同，匹配不依赖于函数的形式。其次，匹配更明确地比较了实验组与参照组的差异。当前计量研究表明，避免函数形式的假设和增加共同的支持条件可以显著减少观察样本的选择偏误。

# 第7章 组织学习与中国企业海外并购行为

海外并购是对外直接投资的重要组成。伴随着国际化战略、品牌与技术需求等多方因素的驱动,中国企业对外投资并购交易数量和金额呈现显著增长。以华为、海尔、三一重工等为代表的大量中国企业在海外并购中表现出极强的学习动机。本章从组织学习视角为出发点,对中国企业海外并购行为进行专门分析。

## 7.1 战略目标与海外并购模式

企业国际化的难度在于发展必要网络,因此企业往往遵循"出口一小规模合资(JVs)一大规模合资一跨国并购"的发展次序。然而,中国企业似乎改写了国际化规则,跳过几个早期阶段,直接专注于跨国并购。中国海外并购的飞速发展对传统的国际化理论提出了新的挑战。"中国企业为何偏好如此激进的国际化战略?"引发了各界广泛关注,然而传统的FDI理论难以给予中国企业海外并购行为一个贴切的、系统的理论解释。寻求战略资源、学习先进科技、实现跨越式发展(跳板理论)可能是中国企业激进国际化战略的更贴切解释。本节基于组织学习视角,探讨中国企业海外并购的发展轨迹,揭示企业战略目标及海外并购模式的内在联系。

### 7.1.1 禀赋劣势与相对优势

Kogut认为,国家的比较优势取决于资源禀赋,资源禀赋决定了一国在全球价值链的位置。作为全球经济的后期进入者,中国必须确保资源充足供给,而自有资源难以满足中国经济飞速发展的需要。在此现实背景下,海外并购前期中国企业有强烈的自然资源获取动机，对后向一体化更感兴趣。入世后，中国跨国并购领域呈现多元化趋势。开拓海外市场、获取核心技术成为中国企业海外并购的重要战略目标。新兴国家的企业可以通过跨国并购战略资产重新定位其在价值链中的位置。相对于发达国家企业，中国企业具有成本优势，利用在母国或第三国市场上（出口）的利润补偿，进入全球并购市场，展开“扩大知识暴露型投资”。例如，海尔集团成功收购美泰克（美国第三大家电巨头），京东方、上汽集团并购美、德、日等国的精密制造和汽车企业。跨国并购使新兴国家跨国公司优化价值链或沿着价值曲线移动所在位置，使其比国内企业更快进入更有利可图的“蓝海”市场。寻求战略资产的海外并购，有利于企业加强国际竞争力重构产业链，获取新的竞争优势。据此推论：

假设 1：中国企业海外并购重点由“自然资源寻求”转向“战略资产寻求”，逐步向产业链上游推进。

新兴国家的跨国公司通过海外并购，学习吸取目标企业所在国的区位优势和要素禀赋（CSAs），整合为企业自身优势（FSAs）。例如，联想收购 IBM 的 PC 部门，塔塔钢铁公司收购 Corus 公司，通过在全球市场的学习，提高自身的比较优势。

中国传统的加工制造业（如服装、玩具、食品饮料业）在全球范围具有比较优势，但在欧美等发达国家，产品营销已形成成熟的渠道与体系。若仅依靠中国企业自身力量铺设销售网，难以打开销路形成品牌。对发达国家企业的并购，有助于中国企业利用当地高质量的劳动力供给，开阔市场、整合供应链；特别地，中国企业仍处于在高科技行业价值链的末端，与西方（美国、欧洲等发达国家/地区）企业的整合，将给中国企业更多长期学习机会，获取先进技术以扭转其在全球产业链的不利位置。据此推论：

假设 2：中国企业偏好并购发达国家的企业，特别是市场拓展、战略资产寻求型并购。

### 7.1.2 制度推动与制约

制度基础观认为，政府机构在企业国际化进程中发挥着双重作用，促进并制约企业的比较优势的发挥。Luo 等人研究指出新兴国家政府在企业跨国并购中具有促进作用。中国政府控制着能源及其他关键工业，国有资本给予国有企业对外投资独特融资优势，特别是在大型海外并购交易中。

也有学者强调新兴国家制度的阻碍作用。国有企业存在机构臃肿、效率低下的弊端，相比之下，民营企业产权清晰、机制灵活、更具冒险精神。民企有更强的外向学习、接受新事物的动机与能力。近年来，中国民营企业在海外并购中“异军突起”。中国买家不再一律是追逐能源矿产的大型国有企业，加工制造及高科技等行业的民营企业亦在国际并购舞台华丽起舞（例如双汇集团、联想集团、复星国际等）。据此推论：

假设 3：“自然资源寻求”海外并购单次规模大，以国有企业为主；民营企业单次规模相对较小，具有较强的市场拓展、战略资产寻求动机。

### 7.1.3　学习与价值创造

成功的跨国并购是企业在境外持续学习的过程。企业选择某组织结构，目的在于减少交易成本、降低风险、提高效率。不同的所有权结构赋予不同程度的资源控制。全资（WOS）在于高层次的资源使用，合资则为较低水平的资源使用。经验研究表明，当交易涉及难以获取或复制的特定资产（如某项新技术），若采用参与的进入模式，目标公司很可能背叛投资企业，伺机行动，并购方需通过高层次的资源使用，如全资进入模式，加强控制力度。当目标企业位于行业的中下游（如自然资源行业），企业所属资产易被复制或标准化，并购方则可能采取低收购份额的进入方式。据此推论：

假设 4：当目标企业拥有特殊无形资产时（战略资产寻求），并购方倾向选择全资并购；当目标企业位于产业链的中下游（自然资源寻求），并购方更可能采取合资的方式。

跨国并购使企业在不同地区通过破坏性创造整合异质资源。成功的跨国并购依靠学习与价值创造，特别是在并购整合的后期。由于并购交易方式显著影响后期的并购整合，平稳过渡对并购是非常重要的。平稳过渡避免倾覆管理团队和结构，确保资源更好地整合。善意的购买协议可更好地实现这些目标。相比之下，敌意收购[①]要约常常引起目标公司管理者的抵制，导致整合失败。特别地，当目标企业拥有难以整合的独特无形资产时，善意并购有助于使并购方有效整合目标企业的互补性资产，建立新的比较优势。如高科技企业拥有高新科技及技术人才，善意

① “敌意收购”指在未获得目标企业董事会推荐或同意的情况下，公开对被收购对象出价。

并购可使并购方有效地在不同地理区域的对资源进行新组合，创造价值和租金。据此推论：

假设 5：中国企业在跨国并购时偏好采用善意并购的交易方式，特别是寻求战略资产的海外并购。

### 7.1.4 海外并购模式的实证分析

本文数据源于汤姆逊(Thomson)全球并购数据库。该数据库已被广泛地应用于 M&A 研究，使我们能够全面分析中国企业海外并购。本文样本选择如下：收购方注册地在中国，目标企业位于其他国家(地区)，并购宣布日介于 2000 年 1 月 1 日至 2017 年 12 月 31 日之间。为区分中国企业海外并购目的，本文根据目标企业(而非并购方)的经营范围及所属行业进行细分。首先根据目标企业的 SIC 值，参照 Thomson 的行业划分，将中国海外并购分为 12 小类，包括：能源、原材料、工业、高科技、金融、医疗、日用消费品、媒体与娱乐、通信、房地产、服务、零售。在此基础上，进一步依据企业海外并购的战略目标分为自然资源寻求、战略资产寻求及市场拓展 3 大类。若并购目标企业属于能源或原材料行业，认为其有自然资源寻求动机①。中国企业在食品、服装等行业具有比较优势，急需在海外市场打开销路。市场拓展类包括对日用消费品生产、零售、服务的海外并购。若并购目标企业属于高科技行业或发达国家(地区)的工业/通信业，则将此并购归为战略资产寻求类②；此外，为单独考虑企业的技术寻求动机，若并购目标企业属于高科技行业，将此并购归为高科技寻求③。

(1) 变量设定及说明

为实证检验海外并购战略目标的影响，设置表征并购动机(Motive)的虚拟变量。自然资源寻求变量 Resource-S：若并购目标企业属于能源或原材料行业，则该变量取 1，否则取 0。类似地，根据上文的分类设置市场拓展变量(Market-S)与战

① 类似地，邵新建等将"并购目标属于矿产(铝、铁、铜矿等)或能源(天然气、石油)开发"的海外并购定义为战略目标类，其他定义为创造性资产类并购。

② 虽然 Thomson 数据库并未将工业/通信业的某些部门定义为高技术，但中国企业在工业(如汽车及零部件、航空、机械)，通信行业(如卫星、电信设备)与发达国家企业仍有一定差距。考虑到我国的现实情况，将此类并购划归为战略资产寻求。

③ "高技术寻求"可视为"战略资产寻求"的子类。

略资产寻求变量(Strategy-S),均为 0～1 的二值变量;设置技术寻求变量 Tech-S,若并购目标企业属于高科技行业,则该变量取 1,否则取 0。

为考察海外并购的发展轨迹(假说 1),设置年份变量 Year。公开宣布体现交易意向达成,采用公开宣布日所在年份衡量①。为验证假说 2,设置代表交易金额变量 Value,采用(美元计价)标的交易金额,以对数形式计入实证模型;设置代表公司性质的虚拟变量 Own,若公告时并购方私营企业,则 Own 取为 1,其余为 0。设置并购地点变量以检验假说 3。虚拟变量 Dev,若目标企业在发达国家/地区则取 1,否则为 0。设置并购份额变量以验证假说 4。交易份额以并购的股权或资产份额衡量。虚拟变量 WOS:若 100%收购目标公司(全资并购),则为 1,否则为 0。为检验假说 5,设置表征交易方式变量 Deal:采用善意并购方式则为 1,其余为 0。

控制变量(Z)方面,设置支付方式变量 Pay:仅用现金支付为 1,其他为 0。考虑企业国际化经验及东道国环境的影响。国际化经验(Exp)变量:若企业曾开展过对外投资取 1,否则为 0。此外,加入东道国经济环境与制度环境指标。东道国市场规模采用 2005 年不变价美元计算的 GDP 衡量,以对数形式计入,数据源于世界银行②。制度环境差异变量(WGI－d)采用东道国与中国制度环境差距衡量,制度环境源于世界银行的全球治理指标(WGI)③。该指标经过标准化处理,越大的数值代表越优的制度环境。

(2) 实证模型及结果分析

为验证上文假说 1～5,揭示中国企业海外并购发展轨迹及比较不同战略目标海外并购的差异,本文构建实证方程如下。

$$\text{Motive}_i = \alpha + \beta_1 \text{Year} + \beta_2 \text{Value} + \beta_3 \text{Own} + \beta_5 \text{Dev} + \beta_5 \text{WOS} + \beta_6 \text{Pay} + \beta_7 \text{Deal} + \beta_8 Z + \varepsilon_{it}$$

其中,$\text{Motive}_i$分别为 Resource-S、Market-S、Strategy-S、Tech-S。

由于被解释变量是二值变量,采用“线性概率模型”(LPM)会导致预测值大于

① 通常,公开宣布日与交易完成日为同一年。一般认为,宣布日与完成日的时间间隔在一定程度上反映并购效率。

② 人均 GDP 也是衡量东道国特征的常用变量,因与 Dev 相关度较高,而未采用。因部分数据缺失且可能有避税性质,目标企业在百慕大、开曼群岛、英属维尔京群岛的并购未包含在实证中。

③ WGI-d=东道国 WGI-中国 WGI。其中各国的 WGI 以政治稳定度、经济限制度、贪腐控制、政治人权与公民参政、政策有效性、法制程度这六个子指标的均值测度。

1或小于0，故本文采用Logit模型估计。估计前，有必要对解释变量进行相关性检验，各变量间spearman偏相关系数都低于0.5，模型设计不存在共线性问题。

表7.1报告了实证方程的Logit估计结果，其中模型1～4的被解释变量分别为Resource-S、Market-S、Strategy-S、Tech-S。(1)从模型1可以看到，Value估计系数为正，Own系数为负，且均在1%水平上显著。这支持假说2：寻求自然资源的海外并购单次规模大，以国有企业为主。Dev与WOS回归系数显著为负，说明大量“自然资源寻求”海外并购投向了发展中国家①，更倾向采用合资的进入方式。为正的Deal变量估计值说明，“自然资源类”偏好善意并购。在区位选择上，具有资源寻求动机的企业偏好市场规模大、制度环境与中国相似的东道国(GDP、WGI-d的估计值显著为正)。(2)模型3～4显示战略资产寻求及其子类技术寻求型并购的估计结果。其中，Value估计系数显著为负，说明“战略资产类”单笔并购规模较小；Own估计值为正，且模型4中Own回归系数在5%水平下显著，表明私营企业具有较强的技术寻求动机，这支持了假设2。Dev估计数显著为正，支持了假设3：具有战略资产寻求动机的中国企业偏好并购发达国家的企业。WOS估计系数为正，可见“战略资产寻求”海外并购更倾向采用全资的进入方式，支持了假说4。GDP的估计值为正，WGI－d显著为负，与“自然资源寻求”不同，“战略资产类”的目标企业所在东道国与中国存在较大的制度差异。(3)模型2的被解释变量为“市场拓展类”，其中Value估计系数显著为负，说明以市场开阔为目标的企业单次并购规模相对较小。其余变量均不显著，这可能是因为“市场拓展类”海外并购方式、地点等多样化所致。Deal变量在模型2～4中估计值不显著，这可能是因为善意并购是中国企业海外并购最主要的方式，无论是对于自然资源寻求、市场拓展或是战略资产寻求型并购。此外，在模型1～4中Pay、Exp变量在各模型中均不显著，可见不同战略目标的海外并购，在支付方式及国际化经验上尚未表现出显著差异。

① 自然资源寻求型并购投资地相对分散。自然资源寻求型并购发生在俄罗斯、加拿大、澳大利亚、德国等发达国家，同时也有大量并购投资于印度尼西亚、哈萨克斯坦、巴西、罗马尼亚、尼日利亚、秘鲁、阿塞拜疆、哥伦比亚、厄瓜多尔等发展中国家。

表 7.1　中国企业海外并购模式 Logit 估计结果

| 变量 | 模型 1 | | 模型 2 | | 模型 3 | | 模型 4 | |
|---|---|---|---|---|---|---|---|---|
| | 系数 | z 值 | 系数 | z 值 | 系数 | z 值 | 系数 | z 值 |
| Year | 0.008 6 | 0.34 | 0.043 8 | 1.43 | −0.007 1 | −0.27 | −0.058 6 | −1.52 |
| Value | 0.142 8*** | 4.11 | −0.120 1*** | −2.97 | −0.091 9** | −2.44 | −0.160 0*** | −2.66 |
| Own | −0.704 9*** | −3.35 | 0.239 1 | 1.09 | 0.235 4 | 1.19 | 0.685 1** | 2.43 |
| Dev | −2.205 0*** | −4.89 | −0.167 8 | −0.32 | 2.699 4*** | 4.49 | 4.495 5*** | 3.64 |
| WOS | −0.684 0*** | −3.77 | 0.170 0 | 0.82 | 0.424 4** | 2.31 | 0.342 7 | 1.24 |
| Deal | 0.630 8** | 2.17 | −0.050 6 | −0.15 | −0.212 0 | −0.72 | 0.788 2 | 1.27 |
| Pay | 0.202 1 | 1.26 | 0.107 7 | 0.56 | −0.280 4 | −1.61 | −0.303 9 | −1.12 |
| Exp | 0.251 1 | 1.43 | −0.234 0 | −1.02 | −0.176 0 | −0.86 | −0.242 9 | −0.70 |
| GDP | 0.115 6** | 2.13 | 0.093 0 | 1.46 | 0.137 3** | 2.40 | 0.069 0 | 0.81 |
| WGI-d | 0.537 5** | 2.29 | 0.028 5 | 0.10 | −1.208 9*** | −4.21 | −1.464 5*** | −3.63 |
| log likelihood | −478.10 | | −368.29 | | −427.18 | | −214.23 | |
| LR chi2(10) | 113.85 | | 20.84 | | 65.56 | | 63.25 | |

注：*、**、***分别为 10%、5%、1%显著水平。

## 7.2　海外并购股权选择——全面并购与部分收购

海外并购可快速获得境外目标企业的价值，实现资源互补。一旦企业决定进行海外并购，它首先需要决策何种控制程度最有效——股权选择。在海外并购中，股权决策是关乎企业运营与发展的重要战略。持股水平影响并购企业对被并企业的控制权及资源承诺，是企业内部组织安排、权利分配的基础。接下来，对海外并购股权选择进行专门分析。

### 7.2.1　全面并购与部分收购

并购实质是企业控制权的变化过程，不同主体根据企业产权进行权利让渡及新的制度安排。依据所有权及控制程度差异，可将并购划分为部分收购和全面并购。全面与部分收购涉及完全不同的战略决策，是两种差异化的股权模式。部分收购指收购目标企业不完全的资产或部分股权，意在有限股权和较低程度的控制权。部分收购具有较强的灵活性，因为并购方可从目标企业及东道国持续学习和累积知识。全面并购则是购买目标公司全部股权。从资源利用角度来看，全面并购表现为获取目标企业完整的控制权以及对资源最大限度的整合利用。与部分收购不同，全面并购意味着对目标企业人力、物力和无形资产的完全投资，以及更大的整体承诺。全面海外并购是高风险的、昂贵的、不可逆的选择。

### 7.2.2 海外并购股权决策的影响因素

中国企业在成本控制方面具有竞争优势，尤其在制造行业。通过海外并购，并购方可利用东道国企业迅速打开市场。当东道国市场规模较大，有便利的销售网络，并购方偏好全面并购，以获得更高利润。相对来说，采取部分收购的方式，与当地企业合作，可以更快速地进入目标市场。当东道国市场规模较小，消费群体少、销售网络不健全时，采取部分收购方式有助于降低投资风险，更有效地发挥目标企业已有的市场能力。据此推论：

假设 1:东道国市场规模越大，中国企业在海外并购时越倾向全面并购目标企业。

新的国外进入者面临着巨大的制度压力，制度环境会影响企业的进入策略、经营以及最终能否在东道国生存发展。跨国企业（并购方）需要深入了解目标企业所在地的规章制度，制度距离影响了跨国企业对东道国制度的了解程度及适应能力，关系着企业境外分支机构的设立、投资的连续性及企业的生存发展。两国间正式制度距离越大，并购交易越可能被搁置。一些研究考察了制度距离对股权选择的影响，通常认为制度差异往往伴随着高风险，并购方更可能采取部分收购（较低并购份额）的方式以降低投资风险。

假设 2:制度距离越大，中国企业在海外并购时越可能选择部分收购。

企业选择某组织结构，目的在于减少交易成本、降低风险及提高效率。不同的股权结构赋予不同程度的资源控制。全面并购属于高层次的资源使用，部分并购则为较低水平的资源使用。经验研究表明，当交易涉及难以获取或复制的特定资产（如某项新技术），若采用低股权的进入模式，目标公司很可能背叛投资企业，伺机行动。并购方需通过高层次的资源使用，如全面并购进入模式，加强控制力度。当目标企业位于行业的中下游（如自然资源行业），企业所属资产易被复制或标准化，并购方则可能采取低收购份额的进入方式。据此推论：

假设 3：当目标企业属于高科技行业时，并购方倾向全面并购；当目标企业位于行业的中下游(自然资源行业)，并购方更可能采取部分收购。

政府的财政支持可增加企业对外投资的有形资产缓解资金约束。以市场为基础的金融渠道在中国并不十分通畅，政府的财政支持可作为企业融资的重要渠道，对企业投资决策的影响直接而显著。以往研究表明，资金雄厚的企业在国外市场上更易获取资源和抵抗不确定性。这些企业更可能通过整合渠道进入国外市场，尤其是全面并购。在某种程度上，海外并购体现了中国宏观战略意图，政府及相关企业执行着国家意志，偏好投资于能源及原材料企业。东道国政府出于资源保护角度或政治敌视，可能阻碍甚至禁止中国政府及相关企业的并购，尤其是高份额的并购交易。因此，虽有国家财政支持财务能力雄厚，与政府密切相关的企业在海外并购时偏好部分收购方式，以提高交易的完成率。据此推论：

假设 4：与政府密切相关的企业在海外并购时更可能选择部分收购。

根据资源基础观，企业的技能、组织能力与知识经验密不可分，构成企业特定的能力结构。企业在国外市场的生产经营受限于自身的能力结构及经验，对目标企业股权的选择也受到国际经验及资源能力的影响。有国际经验的企业更可能单独运作(采取全面进入模式)；缺乏国际经验的企业往往面临的相应能力的限制，需要通过小规模并购累积经验，逐步进入国际市场。研究亦表明，经验不足的企业偏好部分收购，企业在东道国累积的经验越丰富，越可能采取全面并购的方式。根据以往的研究推论：

假设 5：有海外并购经验的中国企业更倾向于选择全面并购。

### 7.2.3 变量说明与实证分析

(一) 数据来源及变量说明

本节数据与上节一致。在初始数据中，选择已完成的并购交易并剔除未披露股权份额的交易。

被解释变量为中国企业海外并购的股权选择。交易份额以并购的股权或资产份额衡量。设置虚拟变量 WOS：若 100％收购目标公司(全面并购)，则为 1，否则为 0。设置虚拟变量 Con(控制)：若中国企业收购目标公司 50％及以上股权或资产份额时，Con 取 1，否则为 0。

考虑东道国环境的影响，设置东道国经济环境与制度环境指标以检验假设 1 和 2。东道国市场规模采用 2005 年不变价美元计算的 GDP 衡量，以对数形式计入，数据源于世界银行。东道国制度距离变量（WGI－d）采用东道国与中国制度环境差距衡量，制度环境源于世界银行的全球治理指标（WGI）。

为检验假设 3，设置行业指标。参照 Thomson 的行业划分，将中国海外并购分为 12 个行业。设置自然资源指标 Res：若并购目标企业属于能源或原材料行业，则该变量取 1，否则取 0；高科技变量 Tech：若并购目标企业属于高科技行业，则该变量取 1，否则取 0。

考虑并购方自身因素的影响，设置企业性质与并购经验变量以检验假设 4 和 5。设置代表公司性质的虚拟变量 Gov，若公告时并购方的性质为政府或相关企业，则 Gov 取为 1，其余为 0。构建并购经验（Exp）变量：若企业曾宣告并购境外企业则取 1，否则为 0。

控制变量方面，首先控制年份的影响。设置年份变量 Year：公开宣布体现交易意向达成，采用公开宣布日所在年份衡量。区分并购为横向并购或其他（纵向/混合并购），加入并购类型指标 Hor，若并购方与目标企业属于同一行业则取 1，否则为 0。此外，控制了并购交易方式的影响。设置支付方式变量 Pay：仅用现金支付为 1，其他为 0。考虑到顾问公司的影响，构建指标 Adv：若并购方在海外并购时聘请了顾问公司，则取 1，否则为 0。

由于被解释变量 WOS 与 Con 是二值变量，采用“线性概率模型”（LPM）会导致预测值大于 1 或小于 0，本文采用 Logit 模型估计。估计前，有必要对解释变量进行相关性检验（见表 7.1），结果显示各变量间 Spearman 偏相关系数都低于 0.3，模型设计不存在共线性问题。

（二）实证结果与分析

表 7.2 报告了 Logit 模型的估计结果，其中模型 1 与模型 2 的被解释变量 WOS（全面或部分），模型 3 与模型 4 的被解释变量 Con（控制或参与）。（1）从模型 1～2 可见，GDP 的估计值为正，且在 1％水平下显著，表明东道国市场规模越大，中国企业更可能采取全面并购方式，这支持了假设 1。Tech 估计系数显著为正，Res 估计值显著为负，说明与假设 3 一致：当目标企业为高科技企业时，中国并购方更倾向采用全面并购；当目标企业属于自然资源行业时，并购方则更可能选择部分收购。Gov 估计值为负，说明政府性质企业在海外并购时选择部分收购的概

率大，这与假设4一致。Exp的系数在1%的水平下显著为负，与假设6相反，具有海外经验的中国企业再次进入境外并购市场时，偏好部分收购。与发达国家企业的境外并购不同，中国企业在首次并购时可能采取全面并购，再次进行海外并购时则倾向更为谨慎稳健的方式。(2) 模型3～4中，被解释变量为是否获取企业控制权(并购份额是否高于50%)。其中GDP、Res、Exp的系数符号与模型1～2中一致，且至少在5%的水平下显著，说明东道国市场规模越大，中国企业更倾向获取目标企业的控制权；当目标企业属于自然资源行业时，并购方则更可能采取参与的方式；有海外并购经验的企业选择参与方式的概率越大。WGI-D的估计值显著为负，表明东道国制度距离越大，中国企业更倾向采取参与的方式以降低风险。(3) 从控制变量来看，Hor的估计值在各模型中均为正，却不显著。当并购同行业企业时，并购份额并未显著增加。Pay的系数显著为正，可见并购方倾向选择非仅现金的多元化方式进行全面并购(或控制)；Adv估计为正却不显著，表明有无顾问公司在海外并购的股权选择上尚未表现出明显影响。

**表7.2 海外并购股权选择的Logit估计结果**

| 变量 | 模型1 | | 模型2 | | 模型3 | | 模型4 | |
|---|---|---|---|---|---|---|---|---|
| | 系数 | 标准误 | 系数 | 标准误 | 系数 | 标准误 | 系数 | 标准误 |
| GDP | 0.165*** | 0.037 | 0.152*** | 0.038 | 0.165*** | 0.038 | 0.155*** | 0.039 |
| WGI-D | −0.037 | 0.108 | 0.026 | 0.109 | −0.245** | 0.105 | −0.180* | 0.107 |
| Tech | 0.384* | 0.210 | 0.361* | 0.212 | 0.167 | 0.229 | 0.132 | 0.232 |
| Res | −0.761*** | 0.137 | −0.716*** | 0.140 | −0.586*** | 0.134 | −0.551*** | 0.137 |
| Gov | −0.814* | 0.491 | −0.814 | 0.496 | −0.634 | 0.426 | −0.623 | 0.430 |
| Exp | −0.384*** | 0.135 | −0.374*** | 0.139 | −0.277** | 0.135 | −0.279** | 0.139 |
| Year | | | −0.011 | 0.019 | | | −0.019 | 0.019 |
| Hor | 0.124 | 0.123 | 0.114 | 0.125 | 0.170 | 0.125 | 0.153 | 0.127 |
| Pay | | | −0.677*** | 0.137 | | | −0.687*** | 0.133 |
| Adv | | | 0.090 | 0.144 | | | 0.220 | 0.147 |
| log likelihood | −765.37 | | −752.48 | | −747.52 | | −733.06 | |
| LR chi2 | 91.26 | | 117.05 | | 55.47 | | 84.38 | |

注：*、**、***分别为10%、5%、1%显著水平。

从研究结果来看，中国企业在海外并购股权选择上宜依据东道国因素、行业特征及自身能力，合理选择海外并购模式。(1) 掌握东道国经济制度因素的变化动态，并根据行业差异及特征，通过海外并购提升其在全球产业链上的位置，实现管理、技术、品牌的跨越。(2) 宜根据自身能力理性选择并购境外目标企业的股权份额，切勿盲目冲动投资，尤其是缺乏海外经验的企业。(3) 企业应加强培育自身优势提升吸收能力，将目标企业及东道国的优势化为己用，争取构建全球价值链新格局。

## 7.3 海外并购股权选择——内部学习与外部学习

企业在进行战略决策时会参考过去的决策(内部学习)和他人的做法(外部学习)。对于内部学习而言，企业通过学习过往经验，可以总结适宜企业的发展方式，规避并购错误和风险。上文分析也表明海外并购经验显著影响并购模式。对于外部学习，他人的做法给予企业进行正确决策的必要信息。然而，过去的决策和他人的做法也可能过度影响企业当前的决策，由于不充分调整和选择性搜寻信息导致黏性的决策，产生锚定偏差。本节通过对锚定效应的分析，考察海外并购股权选择受到过去的决策和他人的做法的影响程度。

海外并购是复杂的、富有挑战性的决策，特别是信息稀缺时，管理者在不确定情景中易使用简单规则或启发式进行决策。高管非理性的认知和价值观深刻影响企业战略决策和组织行为。专注于一个重要的且几乎无处不在的启发式——锚定，即决策者使用一个初始值(锚)进行决策。在高度不确定的情况下，决策者难以对锚值进行足够调整，或选择性地搜集与锚一致的信息而忽略不一致的信息，导致决策偏差。大量经验研究表明锚定效应具有普遍性。基于此，在信息不对称和不确定性高的海外并购中，高管的持股决策可能过度受到锚定信息的影响，产生锚定偏差。

### 7.3.1 海外并购股权决策中的自生锚效应

锚值通常因其来源不同被分为自生锚和外在锚。根据决策情景中出现的只存在自生锚、只存在外在锚、同时存在自生锚和外在锚的三种情况，分别考察海外并购股权决策中的自生锚效应、外在锚效应与双锚效应。

自生锚效应是由自生锚导致的，指个体在外界没有提供锚定信息（外在锚）的情况下而受自身回忆起的某种锚定信息（自生锚）的影响。自生锚效应通过调整启发机制发挥作用，个体把锚值作为调整起始点，进行不充分调整。调整不充分主要原因是没有足够认知资源或需要付出很多认知努力。

海外并购面临高度的信息不对称，高管难以搜集关于目标企业的详尽信息。并购方（焦点企业）高管可能简化决策，而非基于充分信息或严谨分析，例如参照过去相似情景的决策结果。过去决策经验会限制决策者当前的理性经济推理。尤其是曾经成功的经验可能会形成结构化思维模式，致使决策者无法充分考虑外部环境的巨大变化。Thomas 等人指出过去的做法往往是经理人未来决策的模板。具体到海外并购股权决策情景中，由于海外并购过程充斥着不确定性，过去的海外并购股权决策可能成为决策锚点，加之认知资源匮乏阻碍充分调整，呈现自生锚效应。据此推论：

假设 1：自生锚效应假设。焦点企业之前的海外并购股权水平（自生锚）对当前的海外并购股权水平有正向影响。

### 7.3.2 海外并购股权决策中的外在锚效应

外在锚是其他决策者提供的锚。在不确定情景下，个体进行决策判断时经常假定外在锚是正确的，积极寻找支持外在锚的证据。受此心理的驱使，个体会激活大量与外在锚一致的信息，忽视不一致信息。这种心理机制被称为选择通达机制。

启动选择通达机制需要两个重要前提：假设一致性与信息通达性。具体到海外并购股权决策中，其他中国企业在东道国目标行业的国际并购能满足启动外在锚的两个基本前提。其一，东道国目标行业的国际并购与焦点企业海外并购处于相似的决策环境，易产生一致性证实倾向。国际并购面对的市场进入壁垒、法规、行业规则、社会环境不同于国内并购，而焦点企业决策者与东道国市场上的其他国际并购人（参照群体）处于类似的决策情形。焦点企业高管可能使用参照群体的信息设置愿望水平和参考点，用以构造知觉领域和策略组合。其二，因执行过并购估值分析，其他国际并购人的股权决策有助于促使焦点企业高管形成“合理性”认识。其他国际并购人在股权决策前会进行当地市场条件、行业前景和企业质量等价值评估分析。焦点企业高管可能假定其他国际并购人的估值分析是正确的，并积极寻找支持该假设的证据。其三，其他中国企业的国际并购满足信息通达条件。在焦点并购前，东道国目标行业可能存在来自众多国家的国际并购。然而，在不确定环境中管理者往往将信息搜索范围限制在附近领域。同为中国企业，高管在进行海外并购决策时有更多渠道获取以往并购的详细信息，如电视媒体、期刊、高管关系网络等，增加了焦点企业高管在交易时注意该数值的可能性。综上，其他中国企业在东道国目标行业的国际并购股权决策作为外在锚，对焦点企业当前海外并购股权决策产生影响，呈现外在锚效应。

假设 2：外在锚效应假设。其他中国企业在东道国目标行业的国际并购股权水平（外在锚）对焦点企业当前海外并购的股权水平有正向影响。

### 7.3.3 海外并购股权决策中的双锚效应

双锚效应是指由自生锚和外在锚的同时作用对决策产生的影响。在不确定状态下，如果同时存在自生锚和外在锚，决策者会启动双加工机制，即调整启发机制和选择通达机制，决策结果可能呈现双锚效应。

李斌等人认为同时存在自生锚和外在锚时，自生锚的影响更强。自生锚源于个体内部，可信度较强，不确定性较低；而外在锚源于个体外部，不确定性较高。此外，启动自生锚的调整启发机制以推理为主；而诱发外在锚的选择通达机制以直觉为主。在自生锚和外在锚同时发挥作用时，推理决策的自生锚效应比直觉决策的外在锚效应影响力更强。基于此，当海外并购股权决策中既有自生锚（焦点企业之前的海外并购股权水平），又有外在锚（其他中国企业在东道国目标行业的国际并购股权水平）时，自生锚效应会更强。

也有学者提出了不同观点。曲琛等人指出自生锚与外在锚对决策者来说很不一样。决策者可能知道内部产生的自生锚不是正确答案，因决策情景发生了巨大变化；而外部提供的外在锚可能是正确答案，需要仔细评估。此外，自生锚和外在锚的加工机制不同：调整启发机制（自生锚）常常是缓慢、外显、有序、可控的；而选择通达机制（外在锚）通常是快速、内隐、自动化、难以控制的。具体到海外并购决策情景中，东道国及目标市场不同导致决策环境存在显著差异，焦点企业高管可能察觉到之前的海外并购股权水平（自生锚）并不适宜当前的并购决策；而东道国目标行业的国际并购股权水平（外在锚）却可能在焦点企业高管认知中快速、自动化的被加工，高管在未察觉的状态下选择性搜索支持外在锚的证据。因此，与外显、受控的自生锚效应相比，内隐、难以控制的外在锚效应会更强。据此，我们提出如下竞争性假设：

假设 3(a)：双锚效应假设。与东道国目标行业的国际并购股权水平(外在锚)相比，焦点企业之前的海外并购股权水平(自生锚)对焦点企业当前的海外并购股权水平的正向影响更强。

假设 3(b)：双锚效应假设。与焦点企业之前的海外并购股权水平(自生锚)相比，东道国目标行业的国际并购股权水平(外在锚)对焦点企业当前的海外并购股权水平的正向影响更强。

### 7.3.4　锚定效应的实证分析

(一) 模型设定及计量说明

焦点并购股权决策与锚并购股权决策正相关，也可能因为先前的并购交易中存在相似的难以衡量的特征，即存在替代效应。忽略替代效应将过度估计锚值的影响。因此，本文借鉴 Malhotra 等人的研究，采用 Hedonic 两阶段模型分离出替代效应，更准确衡量锚定效应的影响程度。Hedonic 两阶段模型具体计量如下。

Hedonic 模型的第一阶段：首先，确定影响企业海外并购股权水平的影响因素 $X$。分别以焦点并购股权水平 $F_t$ 和锚并购股权水平 $A_{t0}$ 作为因变量进行回归，得到回归系数$\hat{\beta}$。然后，依据回归系数 $\hat{\beta}$ 计算焦点并购股权的估计值$\hat{F}_t$ 和锚并购股权的估计值 $\hat{A}_{t0}$。其中，$\hat{F}_t=X_t\hat{\beta}_t$，$\hat{F}_t$ 为焦点企业当前海外并购股权的估计值，是 $X_t$ 的函数；$\hat{A}_{t0}=X_{t0}\hat{\beta}_{t0}$，$\hat{A}_{t0}$ 为锚并购股权的估计值，是 $X_{t0}$ 的函数。

根据第一阶段的计算结果，进行 Hedonic 模型的第二阶段估计，方程如下：

$$F_t=\eta\hat{F}_t+\theta(A_{t0}-\hat{A}_{t0})+\delta(A_{t0}-\hat{F}_t)+\varepsilon_t$$

其中，$F_t$ 为焦点并购的实际股权水平；$A_{t0}$是锚并购的实际股权水平；$\varepsilon_t$ 为误差项；$\eta$ 测算焦点并购股权估计值 $\hat{F}_t$ 对实际值 $F_t$ 的影响程度；$A_{t0}-\hat{A}_{t0}$测度锚估计值与实际值的偏差；$\theta$ 衡量替代效应，即焦点并购与锚并购中稳定的但未观察或难以衡量因素的影响；$A_{t0}-\hat{F}_t$ 测度锚值与焦点并购股权估计值之间的偏差；系数 $\delta$ 衡量锚定效应，如果 $\delta=0$ 表示海外并购股权决策中不存在锚定效应，如果 $\delta$ 显著为正，表示焦点企业高管在海外并购股权决策中受到锚定效应影响，锚值对焦点并购产生了显著的无端影响。

(二) 样本构造

海外并购数据源于汤姆逊(Thomson)全球并购数据库。样本时序为2000—2017年。构造三组样本检验海外并购股权决策中的锚定效应。第一组为自生锚样本组(仅存在自生锚,不存在外在锚)。选取如下:第一步,选择海外并购交易次数≥2的企业作为焦点企业,剔除仅发生1次海外并购的企业样本;第二步,记录焦点并购所在的东道国及目标企业所在的行业①;第三步,按并购时间排序,考察焦点海外并购之前,在东道国目标行业是否存在其他中国企业的并购,如果是,将这类样本剔除,剩余样本为自生锚样本组(观测值为290)。

第二组为外在锚样本组(仅存在外在锚,不存在自生锚)。选取如下:第一步,按照海外并购时间排序,保留企业第1次海外并购的样本作为焦点并购;第二步,记录焦点企业海外并购所在的东道国及行业,考察焦点企业在第1次并购交易之前,是否有其他中国企业在该东道国该行业进行过并购交易,如果否,则剔除,剩余样本为外在锚样本组(812个观测值)。

第三组是双锚样本组(既存在自生锚,又存在外在锚)。选取如下:第一步、第二步处理方法与自生锚样本第一步、第二步相同;第三步,考察焦点企业海外并购之前,在东道国目标行业是否存在其他中国企业的海外并购,如果否,将这类样本剔除,剩余样本即为双锚样本组(314个观测值)。

(三) 变量度量

主要变量度量如下:因变量方面,采用中国企业海外并购的股权或资产份额衡量海外并购股权决策($F$)。自变量方面,将焦点企业第一次海外并购的股权水平作为自生锚($A_{sg}$);将其他中国企业在东道国目标行业的第一次国际并购股权水平作为外在锚($A_{ep}$)。

控制因素($X$)借鉴林季红、张璐以及李诗、吴超鹏的研究,选取以下:(1) 企业特征。国有企业更易获得资金支持,其并购行为也常被东道国视为有政府干预和授意的政治内涵。设置变量State,若并购方为国有企业,State取为1,否则为0。上市企业在融资和流动性方面具有优势,设置变量List,若并购方为上市企业,List取为1,否则为0。(2) 并购特征。国际咨询机构熟识并购规则和技巧,有助于中国企业深入了解东道国商务法律环境和管理模式。设置变量Counsel:若并购方在

① 行业分类方面,根据目标企业所在行业的SIC四位码进行行业划分。

海外并购时聘请了咨询公司则取1,否则为0。支付方式作为企业并购战略的实现手段会对股权选择产生影响,设置变量Pay:仅用现金支付为1,其他为0。设置表征交易方式变量Tender:善意并购为1,其余为0。(3)行业因素。行业特征影响到企业并购战略动机及国际化的潜力,是并购股权策略的重要决定因素。自然资源行业的跨国并购普遍交易金额较大,易受东道国政府的限制,设置资源并购变量Res:若被并企业属于能源或原材料行业,变量取1,否则取0。获取尖端科技是中国企业海外并购的重要动机,设置技术并购变量Tech:若被并企业属于高科技行业,变量取1,否则取0。以上数据源于Thomson数据库。(4)东道国因素。市场规模的差异意味着不同的机遇与风险,设置东道国市场规模变量,采用焦点并购前一年的东道国GDP衡量。外国股本体现了从众效应及市场开放度,设置变量FDI,以焦点并购前一年流入东道国的外商直接投资衡量。GDP与FDI数据源于世界银行。东道国汇率和利率决定行权价格的现值进而影响海外并购决策。设置利率变量IR,采用焦点并购前一年东道国基于通胀调整的贷款利率衡量。设置汇率变量ER,采用焦点并购前一年东道国的官方汇率衡量。IR与ER数据源自国际货币基金组织。最后,控制年份、行业及东道国固定效应的影响。

(四)实证估计结果

表7.3报告Hedonic模型第一阶段的估计结果。表7.3显示,State的估计系数为负,政治敏感使国有企业在海外并购中易引起东道国政府的警惕及阻挠,国有企业更可能选择低控制策略。List的系数为正,上市企业在融资、治理水平及国际化人才储备等方面具有优势,更可能选择高控制。并购特征方面,Counsel的系数为正,说明聘请咨询公司对海外并购的持股份额产生正向影响。为负的Pay估计系数表明仅采用现金支付的海外并购股权份额较低。Tender的估计系数为正,说明善意并购的股权份额更高。行业因素方面,Res的系数为负而Tech的系数为正,说明当目标企业属于自然资源行业时,中国并购方更可能选择较低的股权水平;当目标企业属于高科技行业时,海外并购持股份额更高。东道国因素方面,GDP的系数为正表明更大的东道国市场规模导致中国企业对国外目标企业更高的持股份额。FDI对中国企业海外并购的持股份额产生负面影响。IR的估计系数不显著,表明东道国利率在海外并购的股权选择上未表现出明显影响。ER的系数为负,高汇率意味着高成本从而导致企业偏向低股权策略。

**表 7.3　Hedonic 模型第一阶段估计结果**

| 因变量<br>自变量 | 焦点并购 | 自生锚 | 焦点并购 | 自生锚 | 焦点并购 | 自生锚 | 外在锚 |
|---|---|---|---|---|---|---|---|
| State | −16.969 | −27.792 | −11.005 | −26.773** | −15.013 | −8.790 | −17.471 |
| | (−0.63) | (−1.26) | (−1.09) | (−2.18) | (−0.84) | (−0.67) | (−0.78) |
| List | 18.298** | 19.320*** | 3.559 | 5.823 | 5.172 | 6.165 | 1.065 |
| | (2.38) | (2.70) | (0.94) | (1.62) | (0.82) | (0.98) | (1.17) |
| Counsel | 1.344 | 2.730 | 4.130 | 0.465 | 8.857* | 9.318* | 10.601** |
| | (0.25) | (0.49) | (1.17) | (0.14) | (1.71) | (1.75) | (1.96) |
| Pay | −13.368** | −2.035 | −10.697*** | −13.687*** | −9.088* | −14.442*** | −1.034 |
| | (−2.32) | (−1.31) | (−3.37) | (−4.46) | (−1.78) | (−2.60) | (−1.20) |
| Tender | 0.166*** | 0.039 | 0.251 | 0.406 | 0.679 | 0.426 | 0.363** |
| | (2.81) | (0.16) | (0.35) | (0.72) | (0.11) | (0.87) | (2.05) |
| Res | −2.142 | −2.402** | −1.655 | −1.032 | −4.438 | −2.704* | −0.597 |
| | (−0.28) | (−2.38) | (−0.30) | (−0.19) | (−0.59) | (−1.92) | (−0.09) |
| Tech | 15.002* | 31.699*** | 3.965 | 4.835 | 9.475 | 26.365*** | 7.634 |
| | (1.67) | (4.44) | (0.92) | (1.28) | (0.99) | (3.79) | (0.92) |
| GDP | 1.199 | 1.809 | 1.101 | 7.468*** | 3.691** | 3.623** | 3.584* |
| | (1.12) | (1.37) | (1.09) | (6.32) | (1.96) | (2.09) | (1.87) |
| FDI | −0.612 | −0.288 | −0.105 | −1.176*** | −0.157 | −0.284 | −0.369 |
| | (−1.12) | (−0.46) | (−0.41) | (−4.19) | (−0.31) | (−0.54) | (−0.78) |
| IR | −0.013 | 0.001 | −0.356 | 0.001 | −0.017 | −0.399 | 0.067 |
| | (−0.19) | (1.45) | (−0.86) | (0.78) | (−0.23) | (−0.96) | (1.10) |
| ER | −0.007 | −0.024 | −0.018** | −0.008 | −0.019 | −0.017 | −0.026 |
| | (−0.87) | (−1.59) | (−2.14) | (−0.98) | (−0.63) | (−0.80) | (−1.19) |
| 年份/行业/国家效应 | 控制 | 控制 | 控制 | 控制 | 控制 | 控制 | 控制 |
| $R^2$ | 0.215 | 0.455 | 0.147 | 0.255 | 0.251 | 0.401 | 0.313 |
| 观测数 | 290 | 290 | 812 | 812 | 314 | 314 | 314 |
| 样本 | 自生锚样本 | | 外在锚样本 | | 双锚样本 | | |

注:括号中为 t 值,*、**、***分别为 10%、5%、1%显著水平,后同。

在表 7.3 的基础上计算$\hat{F}_t$ 与 $\hat{A}_{t-1}$，并依据 Hedonic 模型第二阶段方程估计海外并购中的锚定效应，结果如表 7.4 所示。总体来看，$\eta$ 的估计系数在 1%的水平下显著为正，说明控制变量较好地预测了海外并购的股权水平。替代效应 $\theta$ 的系数为正，表明焦点企业的海外并购股权决策受到了相对稳定的未观测或难以衡量因素的影响。

**表 7.4　Hedonic 模型第二阶段估计结果**

| 模型 / 变量 | (1) | | (2) | | (3) | |
|---|---|---|---|---|---|---|
| | 系数 | $T$ 值 | 系数 | $T$ 值 | 系数 | $T$ 值 |
| 股权水平估计值($\eta$) | 1.200*** | 4.92 | 1.009*** | 4.60 | 1.049*** | 3.45 |
| 替代效应($\theta_{sg}$) | 0.081 | 0.48 | | | 0.203* | 1.93 |
| 替代效应($\theta_{ep}$) | | | 0.089* | 1.83 | 0.010 | 0.04 |
| 自生锚效应($\delta_{sg}$) | 0.325** | 1.96 | | | 0.138* | 1.93 |
| 外在锚效应($\delta_{ep}$) | | | 0.161** | 2.04 | 0.029 | 0.12 |
| 年份/行业/国家效应 | 控制 | | 控制 | | 控制 | |
| $R^2$ | 0.265 | | 0.194 | | 0.349 | |
| 观测数 | 290 | | 812 | | 314 | |
| 样本 | 自生锚样本 | | 外在锚样本 | | 双锚样本 | |

对于我们重点考察的锚定效应，在自生锚样本(模型 1)中，$\delta_{sg}$ 的系数在 5%水平下显著为正，说明自生锚(焦点企业第一次海外并购的股权水平)对焦点企业当前海外并购股权决策有显著的正向影响，这验证了假设 1。在外在锚样本(模型 2)中，$\delta_{ep}$ 的系数为正，说明外在锚(其他中国企业在东道国目标行业并购的股权水平)对焦点企业当前海外并购股权决策有显著的正向影响，这与假设 2 的预测一致。自生锚效应、外在锚效应的系数明显高于替代效应的系数，说明锚定效应比替代效应的影响力更强。在双锚样本中(模型 3)同时纳入自生锚和外在锚，结果显示 $\delta_{sg}$ 显著为正，估计系数为 0.138，低于自生锚样本中的估计系数，说明外在锚的存在显著减弱了自生锚效应；$\delta_{ep}$ 的系数虽然为正，但估计系数小且不显著，说明双锚样本中并未表现出显著的外在锚效应。对比估计系数可见，$\delta_{sg}$ 的系数高于 $\delta_{ep}$ 的系

数，说明在海外并购股权选择中同时存在自生锚和外在锚时，自生锚效应更强，这验证了假设 3(a)。

### 7.3.5 强弱性检验与稳健性检验

研究表明，多次并购经验产生的学习效应可以在一定程度上减少决策中非理性因素的影响。接下来考察焦点企业海外并购经验是否会弱化自生锚效应。依据海外并购次数对自生锚样本进行细分，设置并购经验变量 $T_{sg}$，测度焦点企业的海外并购次数。表 7.5 模型 1 中焦点并购为企业第二次海外并购($T_{sg}=2$)，模式 2 考察企业第三次及以上的海外并购行为($T_{sg}\geqslant 3$)。结果显示模型 1 中 $\delta_{sg}$ 的系数高于模型 2 中 $\delta_{sg}$ 的系数，低并购经验的企业更容易受自生锚的影响。并购经验水平较低的企业识别有用信息的能力相对弱，容易忽略新信息，产生调整不充分偏误的可能性更高。值得注意的是，模型 2 中 $\delta_{sg}$ 的系数依然显著为正，即在多次海外并购后企业依旧受到初始自生锚的影响。

决策环境的不确定性是影响锚定效应强弱的重要因素。在高度不确定的环境中，个体可能无法估计各种状态发生的概率，或者根本无法估计出所有可能状态及其结果。以下两种情形下收购企业面临更高的不确定性：

其一，目标企业位于政治不稳定的东道国。在政治不稳定的国家展开投资使跨国企业暴露于高风险之中，标准的商业惯例模式适用于相对稳定的制度环境，不稳定的政治环境阻碍企业进行长期预测与规划。设置政治不确定指标 $PU$，依据世界银行的治理指标—政治稳定度，政治稳定度小于零为高风险，$PU$ 取 1，反之为低风险，$PU$ 取 0。依据 $PU$ 对自生锚样本进行细分。表 7.5 中模型 3 为低风险组，模型 4 为高风险组。模型 3 中 $\delta_{sg}$ 的系数显著高于模型 4 中 $\delta_{sg}$ 的系数，表明在自生锚情景中，政治风险对锚定效应产生负向影响。东道国政治风险越高，企业在海外并购时越谨慎，对自生锚进行重新审视，调整幅度也越大。

其二，收购企业和目标企业的行业相关性也是国际交易中不确定性和信息不对称的重要影响因素。当国外目标企业隶属于其他行业时，收购企业高管将同时面对陌生的制度环境和行业信息障碍。在跨行业海外并购中，并购企业对目标行业的规范和标准的实践知识了解有限，难以评估国外公司的真正潜力。设置行业不确定指标 $IU$，若并购企业与目标企业的 SIC 四位码不相同，则为跨行业并购，$IU$ 取 1，反之 $IU$ 取 0。表 7.5 中模型 5 为同行业并购，模型 6 为跨行业并购。结果显示模型 5 中 $\delta_{sg}$ 的系数略高于模型 6 中 $\delta_{sg}$ 的系数，均显著为正，表明在同行业及跨行业并购中都表现出显著的自生锚效应。

**表 7.5　自生锚效应的强弱性检验**

| | (1) | (2) | (3) | (4) | (5) | (6) |
|---|---|---|---|---|---|---|
| 股权水平估计值($\eta$) | 1.279***<br>(3.97) | 1.439***<br>(3.37) | 1.151***<br>(3.76) | 1.118**<br>(2.52) | 1.011***<br>(2.64) | 1.175***<br>(3.40) |
| 替代效应($\theta_{sg}$) | 0.126<br>(0.56) | 0.190<br>(0.70) | 0.170*<br>(1.77) | 0.061<br>(1.21) | 0.156<br>(1.54) | 0.036<br>(1.15) |
| 自生锚效应($\delta_{sg}$) | 0.351*<br>(1.74) | 0.300*<br>(1.70) | 0.329*<br>(1.87) | 0.183<br>(1.28) | 0.226*<br>(1.71) | 0.217*<br>(1.69) |
| 年份/行业/国家效应 | 控制 | 控制 | 控制 | 控制 | 控制 | 控制 |
| $R^2$ | 0.417 | 0.298 | 0.324 | 0.382 | 0.332 | 0.339 |
| 观测数 | 113 | 177 | 214 | 76 | 130 | 160 |
| 样本 | 第二次并购 | 多次并购 | 低政治风险 | 高政治风险 | 同行业并购 | 跨行业并购 |

外在锚情景中，其他中国企业在东道国目标行业的跨国并购次数可能影响锚定效应。在焦点并购前，东道国目标行业的海外并购次数越多，参照依据越多，焦点企业越不易受到初始锚的影响。设置并购次数变量 $T_{ep}$，测度在焦点并购前东道国目标行业发生过的海外并购次数。表 7.6 模型 1 中，焦点并购前东道国目标行业仅存在一次海外并购($T_{ep}=1$)，即焦点并购为该东道国该行业的第二次海外并购，模式 2 中，焦点并购前东道国目标行业存在两次及以上的海外并购($T_{ep}\geqslant 2$)。结果显示模型 1 中 $\delta_{ep}$ 的系数显著高于模型 2 中 $\delta_{ep}$ 的系数，外在参照模块越多，个体越可能注意焦点并购与锚值的差异，缓解证实心理倾向，从而减弱外在锚效应。

考虑到政治风险的影响，进一步细分外在锚样本。表 7.6 模型 3 为低风险组，模型 4 为高风险组①。模型 3 中 $\delta_{ep}$ 的系数显著低于模型 4 中 $\delta_{ep}$ 的系数，表明外在锚情景中，政治风险对锚定效应产生正向影响。当中国企业在高风险东道国进行海外并购时，更可能参照外在锚进行决策。考虑到行业相关性的影响，模型 5 为同行业并购，模型 6 为跨行业并购。结果显示模型 6 中 $\delta_{ep}$ 的系数略高于模型 5 中 $\delta_{ep}$

① 从各样本观测数据来看，大多数中国企业海外并购流向了政治风险较低的东道国。

的系数，在跨行业并购中，外在锚效应更强。综上可见，环境不确定性对外在锚效应产生正向调节作用，环境不确定性越高，企业决策越偏向外在锚。

**表 7.6 外在锚效应的强弱性检验**

| | (1) | (2) | (3) | (4) | (5) | (6) |
|---|---|---|---|---|---|---|
| 股权水平估计值($\eta$) | 0.660*<br>(1.88) | 1.029***<br>(3.70) | 0.928***<br>(2.98) | 1.036***<br>(3.26) | 0.807**<br>(2.39) | 1.204***<br>(3.99) |
| 替代效应($\theta_{ep}$) | 0.012<br>(0.06) | 0.163<br>(1.27) | 0.116*<br>(1.81) | 0.061<br>(1.32) | 0.056<br>(1.36) | 0.111<br>(0.73) |
| 外在锚效应($\delta_{ep}$) | 0.253*<br>(1.77) | 0.094<br>(1.24) | 0.132*<br>(1.72) | 0.388**<br>(2.29) | 0.152*<br>(1.68) | 0.176*<br>(1.90) |
| 年份/行业/国家效应 | 控制 | 控制 | 控制 | 控制 | 控制 | 控制 |
| $R^2$ | 0.268 | 0.237 | 0.191 | 0.204 | 0.172 | 0.263 |
| 观测数 | 168 | 644 | 709 | 103 | 382 | 430 |
| 样本 | 第二次并购 | 多次并购 | 低政治风险 | 高政治风险 | 同行业并购 | 跨行业并购 |

表 7.7 为双锚样本的强弱性检验结果。首先依据焦点企业海外并购次数进行细分，模型 1 中焦点并购为企业第二次海外并购，模式 2 考察企业第三次及以上的海外并购行为。结果显示模型 1 中 $\delta_{sg}$ 的系数高于模型 2 中 $\delta_{sg}$ 的系数，低并购经验的企业更容易受自生锚的影响。模型 1 中 $\delta_{ep}$ 的系数显著高于模型 2 中 $\delta_{ep}$ 的系数，并购经验也减弱了外在锚效应。

考虑到东道国政治风险的影响，对双锚样本进行细分。模型 3 为低风险组，模型 4 为高风险组。模型 3 中 $\delta_{sg}$ 的系数显著高于模型 4 中 $\delta_{sg}$ 的系数，表明在双锚情景中政治风险对自生锚效应产生负向影响。模型 3 中 $\delta_{ep}$ 的系数显著低于模型 4 中 $\delta_{ep}$ 的系数，表明在双锚情景中东道国政治风险越高，外在锚效应越强。特别地，模型 4 中 $\delta_{ep}$ 的系数高于 $\delta_{sg}$ 的系数，且 $\delta_{ep}$ 的系数更为显著，表明当东道国政治风险较高时，外在锚效应比自生锚效应更强，这与假说 3(b)一致。接下来测试行业相关性对双锚效应的影响，模型 5 为同行业并购，模型 6 为跨行业并购。模型 5 中 $\delta_{sg}$ 的系数略高于模型 6 中 $\delta_{sg}$ 的系数，说明在同行业并购中自生锚效应更强。模型 6 中 $\delta_{ep}$ 的系数显著为正，表明在跨行业并购中呈现出明显的外在锚效应。综上可见，在双锚样本中，环境不确定性显著增强了外在锚效应。

表 7.7 双锚效应的强弱性检验

| | (1) | (2) | (3) | (4) | (5) | (6) |
|---|---|---|---|---|---|---|
| 股权水平估计值($\eta$) | 1.210<br>(1.42) | 1.663***<br>(3.57) | 1.454***<br>(2.99) | 0.783<br>(1.59) | 0.921*<br>(1.84) | 1.460***<br>(3.09) |
| 替代效应($\theta_{sg}$) | 0.064<br>(0.29) | 0.061<br>(0.23) | 0.109<br>(1.46) | 0.399*<br>(1.66) | 0.125<br>(0.54) | 0.155<br>(0.52) |
| 替代效应($\theta_{ep}$) | 0.842**<br>(2.15) | 0.677*<br>(1.83) | 0.043*<br>(1.88) | 0.332<br>(1.11) | 0.187<br>(0.44) | 0.070<br>(0.69) |
| 自生锚效应($\delta_{sg}$) | 0.281**<br>(1.72) | 0.241*<br>(2.24) | 0.364**<br>(1.90) | 0.033<br>(2.09) | 0.125**<br>(1.14) | 0.107*<br>(1.97) |
| 外在锚效应($\delta_{ep}$) | 0.138*<br>(1.75) | 0.073**<br>(2.23) | 0.007<br>(0.02) | 0.241*<br>(1.66) | 0.087<br>(0.68) | 0.118*<br>(1.85) |
| 年份/行业/国家效应 | 控制 | 控制 | 控制 | 控制 | 控制 | 控制 |
| $R^2$ | 0.541 | 0.314 | 0.287 | 0.513 | 0.43 | 0.396 |
| 观测数 | 151 | 163 | 251 | 63 | 140 | 174 |
| 样本 | 第二次并购 | 多次并购 | 低政治风险 | 高政治风险 | 同行业并购 | 跨行业并购 |

接下来，转变估计方法进行稳健性检验。将锚值作为解释变量，焦点并购持股份额作为被解释变量进行 Tobit 估计①，在不考虑替代效应情形下考察研究结果的变化。表 7.8 报告了估计结果②。在自生锚样本中(模型 1)，自生锚 $A_{sg}$ 的估计系数显著为正，焦点企业之前海外并购股权水平较高，那么焦点并购的持股水平也较高，结果支持了自生锚假设。在外在锚样本中(模型 2)，外在锚 $A_{ep}$ 的系数为正，且在 1%水平显著，估计结果与假设 2 一致，外在锚对焦点企业持股水平有显著的正向影响。在双锚样本中(模型 3)，$A_{sg}$ 的系数明显高于 $A_{ep}$ 的系数，且 $A_{sg}$ 更为显著，说明同时存在自生锚与外在锚时，自生锚对海外并购股权决策的正向影响更强，这与假设 3(a)一致。特别的，表 7.8 中 $A_{sg}$($A_{ep}$)的系数明显高于表 7.4 中 $\delta_{sg}$($\delta_{ep}$)的系数，说明忽略替代效应会高估海外并购股权决策中的锚定效应。

进一步地，考察调节因素的作用。在自生锚样本中，自生锚与并购经验的交叉项 $A_{sg}\times T_{sg}$ 显著为负，并购经验较少的“新手”比有并购经验丰富的“熟手”更容易受到自生锚的影响。自生锚与政治风险的交叉项 $A_{sg}\times PU$ 为负，说明东道国政治

① 被解释变量持股水平是有界变量(0.1%至 100%)，因此采用 Tobit 估计。

② 为节约篇幅，仅报告主要变量的估计结果。控制变量的估计系数与表 7.3 基本一致。

不确定性在一定程度上减弱了自生锚效应。自生锚与行业不确定性的交叉项 $A_{sg} \times IU$ 为负，但不显著。在外在锚样本中，外在锚与并购次数交叉项 $A_{ep} \times T_{ep}$ 显著为负，表明焦点并购前东道国目标行业发生过的国际并购次数越多，外在锚效应越弱。$A_{ep} \times PU$ 为正，说明东道国政治环境不确定性越高，外在锚效应越强。外在锚与行业不确定性的交叉项 $A_{ep} \times IU$ 为正，但不显著。在双锚样本中，自生锚与并购经验的交叉项 $A_{sg} \times T_{sg}$ 显著为负，与高经验水平的企业相比，低经验水平的企业更容易受到自生锚的影响。外在锚与政治风险的交叉项 $A_{ep} \times PU$ 显著为正，说明东道国政治风险强化了外在锚的作用。总体看来，各样本中 Tobit 估计的锚值变量、交叉项的系数与 Hedonic 回归分析一致，本文的估计是稳健的。

**表 7.8　Tobit 回归估计结果**

| 模型<br>变量 | (1) | | (2) | | (3) | |
|---|---|---|---|---|---|---|
| | 系数 | $T$ 值 | 系数 | $T$ 值 | 系数 | $T$ 值 |
| $A_{sg}$ | 0.670*** | 4.71 | | | 0.742*** | 4.41 |
| $A_{ep}$ | | | 0.489*** | 3.88 | 0.046 | 0.25 |
| $A_{sg} \times T_{sg}$ | −0.008** | −2.19 | | | −0.014** | −2.01 |
| $A_{sg} \times PU$ | −0.016* | −1.77 | | | −0.004 | −0.03 |
| $A_{sg} \times IU$ | −0.205 | −0.77 | | | −0.046 | −0.30 |
| $A_{ep} \times T_{ep}$ | | | −0.174** | −2.09 | −0.001 | −0.14 |
| $A_{ep} \times PU$ | | | 0.109* | 1.88 | 0.177* | 1.65 |
| $A_{ep} \times IU$ | | | 0.052 | 1.33 | 0.146 | 0.97 |
| 控制变量 | 控制 | | 控制 | | 控制 | |
| 年份/行业/国家效应 | 控制 | | 控制 | | 控制 | |
| LR chi2 | 73.80*** | | 141.29*** | | 136.42*** | |
| 观测数 | 290 | | 812 | | 314 | |
| 样本 | 自生锚样本 | | 外在锚样本 | | 双锚样本 | |

## 7.4　本章小节

中国企业海外并购不仅是为弥补禀赋劣势（能源、原料方面）、发挥相对比较优势（成本、资金），更是为了获取新的竞争优势（技术、管理、品牌）。中国企业海外并购与发达国家发挥自身所有权优势、利益最大化的并购行为存在一定差异。可以说中国企业的跨国并购是极具“野心”的战略行为。本章从组织学习视角出发，解释为何中国企业表现出更为激进的全球战略。将企业海外并购视为获取动态比较优势的过程，从禀赋劣势与相对优势、制度推动与制约、学习与价值创造三个方面揭示不同战略目标中国企业海外并购的发展轨迹及并购模式。采用 Logit 模型与 Probit 模型实证研究发现海外并购重心由自然资源寻求转向战略资产寻求，采取“弥补禀赋劣势—发挥比较优势—学习与获取新竞争优势”发展策略，逐步向产业链上游推进。企业海外并购因战略目标不同在规模、区位、进入方式等方面存在明显差异。自然资源寻求型跨国并购以国企为主，单笔并购金额更高，偏好现金的支付方式。在区位选择上，具有资源寻求动机的企业偏好市场规模大、制度环境与中国相似的东道国。

接下来，对海外并购股权选择进行了专门分析。首先考察东道国因素、行业差异及企业微观特征的影响。结果显示，东道国市场规模越大，中国企业更可能选择全面并购。制度距离越小，中国企业更倾向获取目标企业控制权。当目标企业为高科技企业时，中国并购方更偏好全面并购；当目标企业属于自然资源行业时，并购方则更可能选择部分收购。考虑到并购方微观特征时，与政府密切相关的企业在海外并购时偏好部分收购。与发达国家企业的境外并购不同，中国企业在首次海外并购时更可能选择全面并购，再次并购时则更为谨慎。进一步地，考察过去的做法（自生锚）及他人的行为（外在锚）如何影响海外并购股权选择。采用 Hedonic 两阶段法进行实证检验发现：当海外并购股权决策中仅存在自生锚时，焦点企业之前的海外并购股权水平（自生锚）对当前的海外并购股权水平有正向影响；仅存在外在锚时，东道国目标行业的国际并购股权水平较高（或较低），焦点企业当前的海外并购股权水平也会较高（或较低）；同时存在自生锚与外在锚时，焦点企业之前的海外并购股权水平（自生锚）的影响力更强。海外并购经验和决策环境的不确定性是影响锚定效应强弱的重要因素。并购经验越丰富，企业越不容易受到锚定信息的影响。政治环境不确定性越高，企业受外在锚的影响越显著。锚定效应虽然简化了复杂的判断与决策任务，加速决策过程，但同时也会产生负面影响。当它被不适当地使用时会产生偏见或系统误差。

# 第8章 二元学习与中国企业海外并购绩效

企业要想实现跨越式发展,并购境外优质创造性资产不失为有效手段。但是以知识为特征的创造性资产的转移成本较高,具有隐性、不可编码性以及模糊性,只有通过仔细的甄别与有效的学习才能内化吸收。

## 8.1 组织二元学习

企业的成长过程是一个持续的组织学习过程。March首次提出组织学习的两种策略:利用和探索。利用是以"提炼、筛选、生产、效率、选择、实施、执行"等为特征的学习行为,而探索则指以"搜寻、变异、冒险、试验、尝试、发现、创新"等为特征的学习行为。前者强调对现有知识的细化、利用和扩展,后者侧重对新知识的追求。

企业生存和发展离不开利用式学习(对现有知识的挖掘)来提高效率,也需要通过探索式学习(对新知识的探求)来创造变异能力。利用式学习倾向于挖掘和利用现有知识,具有时间、空间上的明确性和接近性。然而,长期利用现有知识,企业容易陷入成功陷阱,导致"学习锁定""路径依赖"和"技术惰性",使得企业局限于成功的经验,进而抵御变革与创新。虽然复制过去成功的经验可能再次获取成功,但在不断变化环境中,组织外部的新机会、新技术会打破企业的经验优势,过度侧重利用式学习会使得组织患上学习短视症,陷入能力陷阱,导致核心刚性。因此,企业有必要适时开展基于变异、冒险、创新的探索式学习。探索式学习专注于开拓新的知识领域,有助于企业实现突破式创新和跨越式发展。但如果过分强调探索式学习,企业容易陷入失败的恶性循环。因为探索式学习具有高失败的特征,加上企业缺乏相应的成功经验,经常会遭遇探索式学习的失败。在失败之后,企业可能会产生一系列“狂热试验、变革与创新”行为,陷入“试验—失败—试验”的恶性循环。特别地,利用式学习与探索式学习竞争组织稀缺资源,企业在一定阶段往往专注于一种学习行为。因此,如何合理运用这两种学习策略是理论界和实业界关注的焦点和难点。

## 8.2 二元学习与海外并购绩效机理分析

在海外并购前期与后期,企业面临着不同的问题与挑战。并购前最重要的是依据企业特征与资源,辨别、选择适当的并购目标,探寻发掘有潜力的创造性资产;而并购后企业绩效取决于吸收、整合目标企业创造性资产的能力。然而,不同类型的企业内部学习可能会对辨别与吸收能力产生不同的影响。因此,区分企业在海外并购前期与后期的学习类型,了解其作用机理至关重要。

### 8.2.1 并购前二元学习与企业绩效

在海外并购前期,企业绩效最重要的影响因素是辨别独特的、有潜力资源的能力。不同类型的学习活动会对企业辨别能力产生不同影响。在海外并购前期,探索式学习比利用式学习更有利于提升企业并购绩效。探索式学习拓宽企业知识面,提升企业的识别和评估能力,使企业能够更有效地辨别和选择目标企业。并购前的探索式学习不仅有利于选择合适的目标企业,也有利于并购后整合。研究表明内部学习和外部技术的结合有利于创新。并购前探索式学习有助于更好地理解目标企业的知识、技术、资源,实现更有效的并购整合。此外,探索式学习涉及各种潜在知识技术,并未产生沉没成本和学习固化。

海外并购前的探索式学习是有益的,但并购前的利用式学习则不然。利用式学习导致局部搜索、技术冗余和创新锁定,可能对目标企业的选择及并购整合带来不利影响。利用式学习(对已有技术的大规模学习投入)可能导致创新陷阱、特定研究的不可逆以及偏好本地搜索,不利于开阔视野,局限了目标搜寻的范围。利用式学习致力于改进和开发现有知识技术,往往需要大规模的资金投入。企业资源有限,内部学习和外部并购在一定程度上是两种替代策略。同时投资于利用式学习和海外并购将给企业带来沉重的负担,并且易导致技术重叠问题。此外,并购方为了整合目标企业必须忘却部分固有知识，而利用式学习形成了特定的企业知识和研究文化，增加学习过程的复杂性，使并购整合变得更为困难。据此推论：

假设1：在海外并购前，探索式学习比利用式学习更利于提升企业并购绩效。

### 8.2.2 并购后二元学习与企业绩效

在海外并购后期，企业绩效最重要的影响因素是利用和整合目标企业的能力。目前，中国企业尚处于海外并购的初级阶段，在知识、技术、品牌、人才和管理经验等方面与境外目标企业仍存在一定差距。虽然海外并购是快速获取创造性资产的途径，但目标企业拥有的创造性资产往往具有复杂性、缄默性，中国企业难以轻易地获取和吸收，因此海外并购后中国企业必须付诸实质性的学习，才能弥补差距实现并购协同。

在海外并购后，利用式学习比探索式学习更有利。探索式学习致力于新知识、新技术的研究，在整合和利用目标企业已有战略资源上的作用不明显。探索式学习具有高风险的特征，加上企业缺乏经验以及面临严格的资源约束，更容易遭遇探索式学习的失败。因此，并购后高额的探索式学习难以创造协同效应。利用式学习致力于利用已有知识和技术用以发展新技术、产品或流程，更利于充分发掘目标企业已有的战略资源。与海外并购前的利用式学习不同，并购后的利用式学习不太可能导致局部搜索增加，抗拒外界知识和忘却的问题，因为它发生在海外并购后并专注于利用所获得的创造性资产。基于此，在海外并购后，利用式学习更利于成功地整合目标企业，开发新的、有价值的战略资源。据此推论：

假设2：在海外并购后，利用式学习比探索式学习更利于提升企业并购绩效。

### 8.2.3 关系嵌入的调节作用

嵌入理论研究表明，联盟间的关系嵌入强度显著地影响学习联盟绩效。组织间关系强弱意味着差异性的沟通程度及认可程度，进而影响组织学习效果。对于海外并购而言，强关系的积极作用更为明显。其一，强关系有利于增强组织间一致性，减少目标企业的机会主义行为。在信息不对称、不确定性较高的海外并购中，目标企业往往具有较强的机会主义动机。而组织间的强关系建立在紧密联系的基础上，成员间的身份认可度和一致性更强。强关系一旦建立，成员间认同性和情感依赖性将促进组织间相互信任和理解，减少自我服务行为的可能性和机会主义行为。尤其是对于海外并购而言，组织内部人际关系复杂，组织更强调安全性、保密性，强关系在一定程度上意味着信任、稳定和一致性，使组织间学习过程更为顺畅。其二，强关系有利于隐性知识扩散。隐性知识具有高度嵌入性，需要通过多次交互式作用才能被理解。在强关系中，成员知识交流及时、主动、深入，而弱关系中，成员间联系频率较低、联系持续性较差，难以开展深度交往；这意味着隐性知识需要借助强关系传递。

特别地，探索式学习以搜寻、变异、试验、尝试、创新等为特征，更强调隐性知识的挖掘与再创造。在强关系中，联盟成员有更多时间和精力投入到团队交往，促进组织联盟充分了解彼此思维方式和价值观，分享在理论研究、技术技能、新产品开发等方面的体会，有利于提升探索式学习的成功率。弱关系表现为成员间亲密性较低，联系浅层短暂，使得成员间分享隐性知识的意愿不足，尤其是核心或关键性隐性知识。弱关系中成员间联系不紧密、沟通不畅，易导致个人经验、操作诀窍等隐性知识难以及时有效分享，甚至被误读或曲解。因此，关系嵌入强度对探索式学习与并购绩效之间关系的正向调节作用更强。

当然，强关系在组织学习中也存在一定的消极作用，例如知识重叠与小范围闭合网络；弱关系也具有一定的积极作用，例如低冗余与开放性。然而对于海外并购而言，主并企业与目标企业位于不同国家(地区)，知识、文化存在高度异质性，不易产生知识冗余与小范围的闭合问题。另一方面，绝大多数中国企业尚处于海外并购的初级阶段，在东道国仍面临“外来者劣势”，短期内难以形成多元化的链接网络，因此弱关系的开放性优势不易体现。综上推论：

假设 3：主并企业与目标企业的关系嵌入强度正向调节海外并购后学习与并购绩效之间的关系，且关系嵌入强度对探索式学习与并购绩效之间关系的调节作用更强。

## 8.3 海外并购绩效的实证分析

### 8.3.1 模型设定及变量说明

(一) 模型设定

本节实证研究组织学习与海外并购绩效的关系。具体模型设定如下：

$$ROA_{it+}^{aft}=\beta_1 R_{it-}^{pre}+\beta_2 D_{it-}^{pre}+\beta_3 R_{it+}^{aft}+\beta_4 D_{it+}^{aft}+\beta_5 R_{it+}^{aft}\times TS_{it}+\beta_6 D_{it+}^{aft}\times TS_{it}+\beta_8 Z_{it}+\mu_{it}$$

其中，$ROA^{aft}$ 为企业海外并购后的绩效。$R^{pre}$、$D^{pre}$ 分别表示海外并购前的探索型学习与利用式学习；$R^{aft}$、$D^{aft}$ 表示海外并购后的探索型学习与利用式学习。$TS$ 为主并企业与目标企业的关系嵌入强度。为考察关系嵌入强度对学习和并购企业绩效的调节作用，本文引入探索型学习与关系嵌入强度的交互项 $R^{aft}\times TS$，以及利用式学习与关系嵌入强度的交互项 $D^{aft}\times TS$。$Z$ 为影响海外并购后绩效的控制变量集，具体包含企业特征、并购特征、东道国特征变量。

（二）变量选取及数据来源

海外并购数据源于汤姆逊（Thomson）全球并购数据库。选择收购方注册地在中国，目标企业位于其他国家（地区），并购宣布日介于 2010 年 1 月 1 日至 2015 年 12 月 31 日之间。在初始数据中，选取已完成的并购交易。因需绩效、学习等企业层面详细数据，本文考察的并购方为中国上市企业。考虑到自然资源寻求型海外并购不具有明显的组织学习动机，我们从上市公司已完成的海外并购交易中剔除并购目标企业属于矿产、自然资源及能源开发行业的并购交易，共计 292 起交易。

并购绩效。研究短期并购绩效通常采用市场指标（如超额回报率），研究长期并购绩效倾向于采用会计核算指标，特别是资产回报率 $ROA$。$ROA$ 可衡量企业一定时期内每单位资产创造的净利润，是企业总资产盈利能力的核心指标。在新市场上，由于制度环境不确定性和管理者职位调整，$ROA$ 衡量企业绩效比 $ROE$ 或销售增长更稳定。考虑到海外并购整合可能导致并购初期企业绩效波动，本文采用主并企业海外并购后两年 $ROA$ 的平均值衡量绩效。数据源于 CSMAR 数据库。

组织学习。学习吸收外部知识的能力主要基于企业内部研究和开发的积累，故采用企业研发类型作为组织学习的替代衡量指标。根据《企业会计准则第 6 号——无形资产》，中国企业研发投资分为开发阶段投资与研究阶段投资，分别以开发资本化支出与研究费用化支出记入会计报表。毕晓方等研究表明，研究费用化支出比开发资本化支出具有更高的风险和不确定性，更偏向探索型学习。借鉴毕晓方等的方法，利用式研发 $D$ 采用企业开发资本化支出占年初资产总额的比值衡量；探索型研发 $R$ 采用企业研究费用化支出占年初资产总额的比值。考虑到研发调整成本高的特性需要整个过程保持一定持续性，$R^{pre}$（$D^{pre}$）采用主并企业并购前两年的探索型（开发型）研发占比的平均值衡量；$R^{aft}$（$D^{aft}$）为主并企业海外并购后两年的探索型(开发型)研发支出占比的平均值衡量。研发数据样本时序为2008—2017年,源于企业董事会报告中披露的研发费用化支出与研发资本化支出①。

关系嵌入强度。关系嵌入强度常以企业接触频率、紧密程度及嵌入性进行衡量。研究表明企业并购的控股份额越高,与目标企业的互惠性更强,企业间合作沟通更为紧密。基于此,本文采用主并企业对目标企业的控股比例来测量关系嵌入强度 *TS*。设置变量 *TSs*:以海外并购的股权或资产份额衡量。此外,设置强弱关系的虚拟变量 *TSc*:若中国企业收购目标公司50%及以上股权或资产份额时,*TSc* 取1,否则为0。

概率模型的解释变量。基于Le、许罡和朱卫东等人的研究,概率模型选取企业规模、杠杆、闲置资源、盈利能力作为解释变量,并控制年度和行业效应的影响。其中,采用总资产衡量公司规模(*Size*),以对数形式计入;杠杆率(*Leverage*)为长期负债占总资产的比率;闲置资源(*Idle*)采用平均现金和现金等价物衡量,以对数形式计入;盈利能力(*EPS*)测量指标为每股收益。数据源于CSMAR数据库。我们以并购公告日所在年份构造年份变量(*Year*)控制年度效应。设置行业虚拟变量(*Industry*)控制行业效应,采用Thomson的行业划分方式,依据目标企业所在行业为10类。

绩效模型。模型控制因素包括以下几个方面:(1) 企业特征。首先,控制并购前总资产收益率($ROA^{pre}$)对并购后绩效($ROA^{aft}$)影响。其次,研究表明企业规模、闲置资源会影响并购绩效,绩效模型加入企业规模(*Size*)与闲置资源(*Idle*)变量。最后,考虑到企业性质的差异,国有企业在融资和流动性方面具有显著优势,其并购行为也常被东道国视为有政府干预和授意的政治内涵。设置虚拟变量 *Gov*,若公告时主并企业为国有企业,则 *Gov* 取为1,否则为0。企业特征数据源于CSMAR数据库。(2) 并购特征。一般认为收购方与目标之间的技术相关性对并购绩效具有积极的影响,设置技术关联 *Rela* 虚拟变量:如果收购方和目标企业有相同的四位SIC数字取1,否则为0。支付方式是实现企业并购战略的手段,显著

---

① 若报表中 *R* 与 *D* 合并给出,则查找管理费用中披露的研发费用作为 *R*,以 *R&D* 值减去 *R* 值作为 *D* 值。企业董事会报告源于巨潮资讯网,网址 http://www.cninfo.com.cn,研发数据由逐一查询手工整理所得。

影响并购绩效。设置支付方式变量 $Pay$,仅用现金支付为 1,其他为 0。国际咨询机构熟识并购规则和技巧,有助于中国企业深入了解东道国商务环境、财税法律、管理模式。考虑到咨询公司的影响,构建指标 $Adv$:若主并企业在海外并购时聘请了咨询公司,则取 1,否则为 0。并购特征数据源于 Thomson 数据库。(3) 东道国特征。东道国市场规模的差异意味着不同的机遇与风险。模型加入东道国市场规模变量,采用 2005 年不变价美元计算的 $GDP$ 衡量,以对数形式计入,数据源于世界银行。此外,海外并购是一项高风险行为,企业不仅受到东道国市场环境的影响,还需克服陌生制度环境所带来的压力。因此设置制度差异变量($WGI$d),采用东道国与中国制度环境差距衡量,制度环境源于世界银行的全球治理指标。最后,控制年份与行业效应的影响。

### 8.3.2 实证结果与分析

表 8.1 给出了实证估计结果①。模型 1 检验并购前学习对企业绩效的影响。模型 2 同时纳入并购前期和后期不同类型的学习投资。模型 3 在模型 2 的基础上加入关系嵌入强度 $TSs$ 与并购后学习的交互项,考察关系嵌入强度的调节作用。在模型 4 中改用 $TSc$ 指标衡量关系强弱,在模型 3 的基础上加入 $TSc$ 与并购后学习的交互项。总体看来,模型 1～4 的 $R^2$ 均高于 0.5,且 $F$ 值都在 1%的水平下显著,说明模型解释力良好。

具体地,模型 1 中并购前探索式学习 $R^{pre}$ 的估计系数为正,说明并购前的探索式学习有利于提高主并企业绩效。利用式学习 $D^{pre}$ 与并购绩效显著负相关,表明并购前利用式学习不利于识别与整合目标企业。这符合我们的理论预期。模型 2 测试了假设 2,结果表明并购后探索式学习 $R^{aft}$ 与利用式学习 $D^{aft}$ 的估计值均为正,但 $D^{aft}$ 的估计值更高且更为显著,结果支持假说 2:海外并购后,利用式学习比探索式学习更利于提升企业并购绩效。模型 3 引入了学习与关系嵌入强度($TSs$)的交叉变量,可以看到交叉变量的回归系数均为正,表明关系嵌入强度在学习与并购绩效之间起到一定正向调节作用。其中,$TSs \times R^{aft}$ 的估计值高于 $TSs \times D^{aft}$,且更为显著,反映出关系嵌入强度对探索式学习与并购绩效之间的调节作用更强,假

① 本文涉及变量较多,为预防变量间可能存在多重共线性问题,我们首先进行了 Spearman 相关性检验,结果发现所有变量的相关系数的绝对值低于 0.7 的临界值,变量间不存在高度线性相关。

设 3 得到证明。模型 4 采用二值变量 $TSc$ 衡量关系嵌入强弱，结果显示 $TSc\times R^{aft}$ 估计系数显著为正，且高于 $TSc\times D^{aft}$ 的估计系数，结果再次验证了假设 3。

控制变量方面，模型 1—4 中各变量的估计系数基本一致。具体地：(1) 企业特征变量。并购前企业的资产回报率 $ROA^{pre}$ 对海外并购绩效的影响为正，且在 1%水平上显著。$Size$ 估计系数为正，表明企业规模对海外并购绩效的产生一定程度的正面影响。闲置资源 $Idle$ 对中国企业海外并购绩效有反向作用。$Gov$ 估计值为负，但估计值小且不显著。(2) 并购特征变量。技术关联 $Rela$ 与企业海外并购绩效之间呈现出正相关关系。$Pay$ 估计系数为正，说明现金支付对海外并购绩效产生一定程度的正向作用。$Adv$ 估计值为正，聘请咨询顾问有利于提升企业海外并购绩效。(3) 东道国特征变量。东道国市场规模 $GDP$ 对企业绩效产生正面影响。$WGId$ 的估计值为负，表明制度距离导致了企业海外并购绩效的下降。

**表 8.1　绩效模型的估计结果**

| | 模型 1 | | 模型 2 | | 模型 3 | | 模型 4 | |
|---|---|---|---|---|---|---|---|---|
| | $T$ 值 | 系数 | $T$ 值 | 系数 | $T$ 值 | 系数 | $T$ 值 | 系数 |
| $R^{pre}$ | 0.013 2 | (0.77) | 0.009 1 | (0.10) | 0.111 4 | (0.86) | 0.113 3 | (0.88) |
| $D^{pre}$ | −0.152 7* | (−1.66) | −0.191 5* | (−1.68) | −0.179 5 | (−1.52) | −0.172 4 | (−1.47) |
| $R^{aft}$ | | | −0.004 2 | (0.09) | −0.054 2 | (−0.83) | −0.051 9 | (−0.76) |
| $D^{aft}$ | | | 0.038 3 | (1.62) | 0.022 4 | (1.35) | 0.027 6 | (1.67)* |
| $TSs\times R^{aft}$ | | | | | 0.001 9 | (1.14) | | |
| $TSs\times D^{aft}$ | | | | | 0.001 2 | (0.12) | | |
| $TSc\times R^{aft}$ | | | | | | | 0.001 8* | (1.73) |
| $TSc\times D^{aft}$ | | | | | | | 0.001 3 | (0.28) |
| $ROA^{pre}$ | 0.620 4*** | (9.97) | 0.622 7*** | (9.9) | 0.623 3*** | (9.87) | 0.622 2*** | (9.86) |
| $Size$ | 0.001 3 | (0.75) | 0.001 3 | (0.74) | 0.001 6 | (0.92) | 0.001 6 | (0.93) |
| $Idle$ | −0.001 2 | (−0.93) | −0.001 | (−0.82) | −0.000 8 | (−0.65) | −0.000 8 | (−0.63) |
| $Gov$ | −0.001 | (−0.14) | −0.000 4 | (−0.06) | −0.000 8 | (−0.11) | −0.000 5 | (−0.07) |
| $Rela$ | 0.004 1 | (0.57) | 0.004 1 | (0.57) | 0.004 7 | (0.64) | 0.005 | (0.67) |
| $Pay$ | 0.001 3 | (0.21) | 0.001 3 | (0.22) | 0.001 6 | (0.27) | 0.001 6 | (0.25) |
| $Adv$ | 0.000 4 | (0.07) | 0.000 3 | (0.05) | −0.001 | (−0.14) | −0.001 1 | (−0.16) |

续表 8.1

| | 模型 1 | | 模型 2 | | 模型 3 | | 模型 4 | |
|---|---|---|---|---|---|---|---|---|
| | *T* 值 | 系数 | *T* 值 | 系数 | *T* 值 | 系数 | *T* 值 | 系数 |
| *GDP* | 0.002 1 | (1.61) | 0.002 1 | (1.60) | 0.002 2* | (1.66) | 0.002 2* | (1.68) |
| *WGId* | −0.003 1 | (−0.57) | −0.003 1 | (−0.56) | −0.002 4 | (−0.43) | −0.002 4 | (−0.44) |
| 年份/行业 | 控制 | | 控制 | | 控制 | | 控制 | |
| $R^2$ | 0.573 | | 0.5753 | | 0.5808 | | 0.5815 | |

## 8.4 本章小结

中国企业通过海外并购嵌入目标企业，跟踪、学习、转移创造性资产，不断提高企业的核心竞争力，海外并购可以视为组织学习的过程。本章检验了差异性的学习策略(探索式学习与利用式学习)在并购前、并购后的作用机制与效果，探究了关系嵌入强度在组织学习与并购绩效关系中的调节作用，并得出以下结论。其一，并购前的探索式学习有助于提高企业识别和评估目标企业的能力，并且没有导致沉没成本、技术重叠和知识遗忘，对中国企业海外并购绩效产生了正向影响。其二，并购后的利用式学习有利于企业充分利用挖掘已获得的创造型资产，实现高度整合。其三，在海外并购的初级阶段，强关系更利于组织转移和学习创造性资产，正向调节在学习与并购绩效的关系，且关系嵌入强度在探索式学习与并购绩效关系中表现出更为显著的正向调节作用。

# 第 9 章 政策建议

本文的理论分析和实证研究表明，中国企业要走出去，实现对外投资发展战略，必须有效解决下述三大问题：一是企业如何根据自身特征选择境外直接投资战略，结合东道国的政治经济特征，选择对外直接投资的区位。二是如何发挥企业优势，提升企业绩效，使中国企业通过对外直接投资获取更大程度的效率改进、技术提升及所有权结构完善，实现对外投资企业在东道国的可持续发展。三是如何明晰政府“走出去”政策的侧重点，发挥相关官方机构的有效作用，强化本土企业的国际竞争力，促进企业更好地“走出去”。

## 9.1 企业应基于自身能力与特征，谨慎选择对外直接投资战略

第 4 章及第 5 章的理论与实证表明，异质性影响企业境外直接投资行为。在企业实施对外直接投资战略、选择投资东道国时应充分考虑到自身的能力与特征。

近年来，大量的中国企业，尤其是中小企业，采取“走出去”的发展战略。国际化是对外开放及新经济形势的要求，但企业应根据自身能力选择对外直接投资战略，在采取对外投资战略时必须做好充足的前期准备，切勿不顾自身的经营状况、风险承受能力盲目开展对外直接投资。

第一，上文研究表明，营业能力高的企业境外投资的能力和动机更强。对外投资相比较于国内生产与投资，企业会面临更高的固定成本与风险。因此，中国企业在采取对外投资战略时必须慎重，切实评估自身的营业能力与风险承受能力，确保获益时再进行对外直接投资；部分企业误以为对外投资一定有利，不顾自身的经营

状况及风险承受能力盲目进行跨国投资，结果往往使企业置身于危机之中。

第二，我国劳动密集型企业，如服装、家电等，在国际上具有低劳动力成本的比较优势，可以通过出口发挥该竞争优势。然而，跨国并购或绿地投资有利于企业提升品牌知名度，开阔东道国市场。随着我国人民生活水平的提升、劳动力成本的提高，劳动密集型企业的境外投资也会逐渐增多，企业进行对外直接投资决策时，应明确投资目的，权衡自身优势与东道国特征。

第三，企业技术水平与企业跨国直接投资的行为选择正相关。这说明技术高的企业通过境外投资获取战略资产的能力和动机很强。高技术企业的对外直接投资，获取和吸收国外先进的技术资源，在国外竞争压力下迅速提升自身创新能力与技术水平，增强企业国际竞争力。政府应当支持与鼓励高新技术企业“走出去”，从而带动整个产业的创新与研发能力的提升，积累技术资源促进产业高级化，实现国民经济的可持续发展。

第四，规模越大的企业对外直接投资的意向越强。随着中国国内竞争日益激烈，国内市场趋于饱和，众多企业面临产能过剩的问题，严重制约企业发展。在此国内环境下，企业需要不断地开拓和创造新市场以保持企业的生命力。规模经济是企业实施跨国投资战略的重要动机之一，通过绿地投资或跨国并购，企业可以打入东道国市场，扩大企业销售网络，实现规模经济。

第五，国有份额越高，企业境外投资的动机越弱。我国境外投资国有企业主要为天然气和石油开采、金属采矿等行业的大型垄断国有企业，在竞争性行业更多地表现为民营企业境外投资行为。随着民营企业不断发展，我国民营企业积极在全球整合资源，开拓国际市场。相比国有企业，民营企业具有机制灵活、产权清晰、富有开拓创业精神等优势。在“走出去”战略的具体实施上，政府应当扩大民营企业投资范围，调整市场准入，给民营企业境外投资创造良好的制度环境。

## 9.2 根据企业自身能力，谨慎选择投资东道国

企业在选择对外直接投资东道国时，应充分考虑东道国的市场情况及制度环境，切勿在未对东道国进行充分调研的情况下盲目进行投资。

### 9.2.1 合理评估东道国市场需求

上文研究表明，境外投资企业内部的生产率存在较大程度的异质性，存在“随机的自我选择机制”，生产率较低的企业投资于邻近的、需求较大的市场，生产率较高的企业更有可能投资于市场需求较小的东道国，且拥有更多境外子公司和更广阔的地理空间分布。由于距离影响到企业进入该东道国的生产率门槛值，未达到生产率门槛值的企业很难在该东道国生存。因此，我国企业在初次对外投资时，应充分考虑到自身的生产率水平（营业收入水平及风险承受能力），首先投资于邻近的市场需求较大的东道国，进而由近及远，由熟悉到陌生，在更大范围内开展对世界其他国家的直接投资活动。对中国企业而言，应首先着眼于自身技术、生产率及经营能力的提升，以适应东道国市场的竞争及消费者对质量的高要求，这样才能在东道国生存和发展，开拓国际市场。

### 9.2.2 警惕东道国制度风险

此外，东道国的制度环境也会影响对外直接投资的区位选择。政府腐败可能会加快审批程序，带来额外收益，东道国制度环境可能与对外直接投资负相关，但是劣质的东道国制度环境会带来更高不确定性，致使跨国企业在东道国的生产与经营受阻。第5章的实证研究采用政治稳定度、经济限制度、贪腐控制、政治人权与公民参政、政策有效性、法制程度六个指标衡量东道国制度环境，结果显示生产率或技术水平较高的企业更倾向投资于政府更清廉、政策执行更有效的东道国。东道国的“政策执行有效性”指标反映了东道国政府政策制定、执行的效率和力量以及公共服务质量。在政策执行效率高的东道国投资，有助于中国企业的跨国资本有效进入并快速发展。企业在进行对外投资时应考虑该国政府政策执行的有效性。东道国“腐败控制程度”反映东道国打击寻租动机及公共权力被滥用的力度和决心，即东道国治理的清廉度。在中国境外投资发展初期及上升期，当企业生产率或技术水平仍相对东道国企业无明显优势时，腐败“帮助之手”（吸引力）有可能胜于“攫取之手”（阻碍力），但这也埋下了遭受其他国家抨击以及使我国资金成为东道国政治替罪羊的隐患。因此在考虑对腐败程度较高的东道国进行投资时，中国企业宜保持理智及谨慎态度。实证分析表明，政治稳定度、经济限制度、政治人权与公民参政及法制程度四个指标对我国企业对外投资区位选择的影响不显著。这四个指标分别反映东道国政府被推翻可能性、私人部门发展能力、选举自由度、居民对规章制度遵守及信任程度，是衡量东道国制度环境的重要指标。目前中国企业对外直接投资区位选择表现出较强的风险偏好，有限理性的投资者在风险感知和机会识别中存在认知偏差，可能会高估机会低估风险。中国企业对东道国的这些制度环境指标不敏感，隐含了巨大的政治风险，在长期可能会累积较大的沉没成本和亏损危机。因此，企业在“走出去”过程中应加强风险意识，及时评估和防范对外投资的潜在制度风险，推动对外投资的持续稳定发展。

总之，中国企业应充分考虑东道国的市场状况、制度环境及文化差异，结合自身经营能力与特征，选择境外投资区位。此外，企业在采取对外投资战略时必须做好充足的前期准备，努力提升企业的技术与生产率以适应东道国市场的竞争及消费者对质量的高要求，切勿不顾自身的经营状况、风险承受能力，未对东道国市场进行充分调研的情况下盲目进行投资。

## 9.3 建立海外研发机构，提高企业绩效水平

第 6 章的理论及实证研究表明，生产率及技术水平越高的企业对外直接投资的学习能力越强。由这个结果来看，尽管我国企业通过境外直接投资得到了发达国家的部分先进技术，但技术逆向外溢的效果受到了本国较低的研发投入和低人力资本水平的制约。因此，我国必须努力增强核心技术的研发力度，通过自主创新提高学习能力，推动经济的持续增长。

### 9.3.1 有针对性地建立海外研发机构，学习吸收领先科技

第 6 章的实证研究表明，相对于仅投资于发展中国家的企业，投资于发达国家的企业获得了更大的技术提升。现实中，绝大多数中国企业对外投资流向了发展中国家。研究结果显示投资于发达国家的企业获得了更多的效率改进，政府应鼓励企业对发达国家进行投资，获取和吸收国外先进的技术资源，从而带动整个产业的创新与研发能力的提升。

建立或并购海外研发机构有助于企业向东道国企业学习技术、管理经验，提升研发能力。在美、欧、日等发达国家（地区）建立海外研发机构，可使企业嵌入当地集群，充分利用当地人才资源，获取潜在科学技术，并将技术及创新快速商业化。

发达国家(地区)虽技术先进、鼓励创新,但要素价格高,对境外资金技术要求严。我国企业,尤其是资金技术等方面受限的中小企业,目前尚不宜在发达国家(地区)大规模建立研发机构。具体操作时可有针对性地在一些特殊的地理集群,如德国慕尼黑、美国硅谷、英国苏格兰科技区,建立海外研发机构。此外,通过收购、兼并发达国家企业的方式,可直接获取其专利、科研人员及高级管理人才。例如联想通过收购IBM的个人电脑业务,帮助联想获得部分专门技术,增强其自身的竞争优势。虽较之于发达国家企业,中国企业尚未具备资金或技术优势,既不具有资本优势,又不具有技术优势,但对通过建立海外研发机构及并购当地企业的方式,有助于打破技术壁垒,获取全球领先科技及经营经验。

### 9.3.2 提升企业技术水平,加快科技再创新

提高中国企业技术再创新能力可主要从以下两方面着手:

第一,企业应增加研发活动的经费支出,重视科技的重要性。只有具备足够的研发资本,企业才能开展核心技术研发,才有可能研制出世界一流的高科技产品。目前大多数发展中国家企业的研发投入不足,研发活动主要靠高等院校及科研机构。我国企业宜加强与高校和研发机构的合作,促进产学研一体化,努力学习新技术、研究新领域、创造新产品,从而增强自身的科技实力。依托科研机构、行业骨干企业和高等院校的优势资源,加快构建企业技术创新综合服务平台,促进科技成果的产业化;面向有潜力的新兴产业,形成产业技术创新链。

第二,企业应增加高端人才的投入力度,加快科技再创新。人才是保障对外直接投资行之有效的关键,成熟、完善的教育和劳动力培训体系是提高一个国家劳动力队伍国际竞争力的基础。中国企业在技术、规模、资金等方面与发达国家企业存在一定程度差距,即使跨国并购母公司和子公司的技术合作较为密切,但由于并购方缺乏必要的技术人才,致使中国企业难以很好地吸收东道国目标公司的逆向技术溢出,更谈不上技术及产品和的再创新。因此,我国企业在境外直接投资的同时,更应注重企业自身人力资本和自主研发能力的培育,尤其是对高技术人才的投入。建设成熟、完善的教育和劳动力培训体系,培养营销管理人才、营销策划人才、操作人才,使企业实施境外直接投资的人才呈梯次结构是我国进一步发展境外直接投资的首要选择、战略选择。

## 9.4 增强政府政策支持,深化“走出去”战略

中国企业跨国投资对绩效的影响为正,表明企业在全球进行资源整合,参与激烈的世界市场竞争,比仅在国内经营的企业更有效地提升了生产绩效及技术水平。这为政府“走出去”政策提供有力的微观依据,“走出去”战略受到了市场的认可,中国企业走出去是合理且必要的,有利于中国经济的可持续增长。

### 9.4.1 完善服务与监管,积极推进企业“走出去”

“走出去”战略的实施是促进经济发展、增强综合国力的必然要求。在外资利用我国人力及自然资源的同时,本国企业也应积极利用国际经济资源。政府应结合推进“引进来”与“走出去”发展战略。

具体操作上,政府可从以下几方面着手,完善对外直接投资的服务及监管。

其一,提供投资信息服务与金融支持。建立对外直接投资东道国项目库和企业信息库,为我国企业寻求项目和投资伙伴提供必要信息;对外投资委员会定期发布各国投资环境报告,及时准确提供相关国家(地区)的经济、政治、法律、技术、文化等;发挥国际商会及驻外使领馆的作用,通过投资组团、会议、实地考察等方式为中国企业跨国投资决策前的可行性分析及投资规划提供参考依据。

其二,提供相应的投资保险与金融扶持。目前,我国主要进行对外投资的承保机构是中国出口信用保险公司。参照国外企业相关投资经验,购买境外投资保险是规避政治风险的有效方式。各类金融机构应积极为企业境外投资开发多种保险及金融产品,为有关国家重大利益、极具投资潜力的境外投资活动提供担保及融资服务。

其三,改革境外投资审批制度,设立统一的审批管理机构。政府应简化审批程序,将多部门审批变更为单一部门审批;减少审批环节与内容,加快审批速度,如对于规模较小且非限制投资领域的私营企业境外投资,可采用登记备案制;提高透明度,对外公布审批标准、程序、内容等,接受企业和社会监督。

### 9.4.2 完善对外投资法制建设,保护企业权益

政府应为境外投资提供法律政策援助,推进中国对外投资法制建设,以更好地

实施“走出去”战略。为从国家层面明确境外直接投资的法律地位，政府应尽快制定《中国对外投资法》，出台相关行政法规，以调节境外投资企业及投资所在国利益分配，维护对外投资企业的合法权益。

建立健全对外投资法律制度，政府应借鉴其他国家成功经验，结合中国现实情况创造性运用，为我国企业境外直接投资提供法律保障，具体可由以下两方面着手：

其一，构建对外直接投资法律体系，健全保障制度。总体框架上，政府应首先依据国际惯例制定一部符合国情的《境外投资基本法》。该基本法应在原则上对中国企业的投资主体、目标、形式、管理、融资及审批等方面做出规定。另外，应及时根据境外投资的实践补充对外直接投资的细则及配套法规，例如《境外直接投资保险法》《跨国投资企业所得税法》等。建立健全的立法体系将改变中国企业对外直接投资无法可依的局面，保障“走出去”战略的顺利实施。

其二，完善对外直接投资的配套金融法律法规。对外投资金融法主要包括两个方面：境外投资融资法与境外投资外汇管理法。颁布《境外投资融资法》有利于增强金融集团对境外投资企业的支持，如规定境外银行可为境外投资企业办理境外投资的国家政策性优惠贷款、普通贷款、融资和担保。制定《境外投资外汇管理法》有利于明确外汇优惠措施及鼓励政策，如下调境外企业营业收入汇回比例，提高外汇留成比例；取消外汇保证金，允许境外企业在一定范围内自我调节；允许有发展潜力或效益好的企业，用所募资金或利润再投资。

# 结 论

近年来，随着全球化步伐的加速及中国改革开放的深化，越来越多的企业走出国门，在全球范围配置资源。作为新兴经济体国家，中国对外直接投资的快速发展引起了各国政府及学术界的广泛关注。中国逐步从资本输入国跻身为最大的资本输出国之一，其对外直接投资的增长速度甚至超过众多发达国家。可以预见，中国对外直接投资将重塑世界投资格局，成为中国加强综合竞争力和获得国际控制力的重要手段。如何促进中国企业更好地“走出去”、提升中国跨国企业的竞争力与影响力是我国对外投资面临的重要问题之一。本书基于企业微观视角，揭示异质性与组织学习如何影响企业对外直接投资策略与区位选择，考察企业对外直接投资学习效应以及适合的学习策略。总体说来，研究结论可归纳如下：

(1) 揭示企业异质性与对外直接投资的行为策略间的内在联系。在 HMY 模型的基础上进行扩展，将企业异质性包含全要素生产率及价格比率的差异。全要素生产率体现了企业的规模经济、$X$ -效率及技术变化，而价格比率部分体现了市场状况、管制及运用市场力。数理推导结果显示，企业异质性决定其对外直接投资的行为，即便企业并未拥有最高的生产率，若其有较强的市场控制能力亦可开展对外直接投资。实证结果与理论分析一致。采用随机占优 K-S 方法检验，分析中国上市企业中对外直接投资企业与非对外直接投资企业的差异，结果显示：并未发现中国 OFDI 企业拥有更高的生产率，但 OFDI 企业拥有更高的技术水平。

(2) 分析异质企业如何影响开展对外直接投资区位选择。在 Melitz、Helpman 及 Chen 的异质企业策略选择模型基础上进行扩展，加入东道国经济规模、母国与东道国之间的地理距离，以及中间产品运输等因素，考察企业异质性如何影响中国对外直接投资的区位选择。理论模型表明，存在分类效应，东道国市场规模越小，地理距离越远，企业进入该东道国的门槛生产率越高。随后采用 logit 与 probit 回归进行实证分析，结果显示，境外投资企业内部的生产率存在较大程度的异质性，生产率较低的企业投资于邻近的、需求较大的市场，生产率较高的企业更有可能投资于市场需求较小的东道国，且拥有更多境外子公司和更广阔的地理空间分布。

除东道国市场规模外，进一步探讨了异质性、东道国制度环境与境外直接投资区位之间的关系。东道国制度环境可对境外直接投资产生正面效应与负面效应。一方面，劣质的东道国制度环境会带来更高的不确定性，东道国制度环境可能与对外直接投资正相关；另一方面，较差的东道国制度环境可能会加快审批程序，带来额外收益，东道国制度环境可能与对外直接投资负相关。企业异质性影响这两方面效应作用的程度。生产率或技术水平较高的企业更倾向投资于制度环境较优的东道国。实证部分，采用政治稳定度、经济限制度、贪腐控制、政治人权与公民参政、政策有效性、法制程度六个指标衡量东道国制度环境，结果显示生产率及技术水平越高的企业越倾向于投资政府更清廉、政策执行更有效的东道国。

(3) 测度异质性如何影响中国企业对外投资的学习效应。分析企业通过对外直接投资获得绩效提升的机制，并探讨企业异质性对学习效应获取的影响。基于以下几方面更有利于对外投资企业获得绩效提升：东道国市场激烈的竞争；外国的消费者可能比国内的消费者在对待价值和质量方面更苛刻；从东道国可能获取逆向技术的溢出。企业生产率及技术异质性将影响其通过境外直接投资从东道国获取的垂直及水平逆向溢出，进而对境外直接投资的学习效应产生重要影响。实证结果支持了理论分析。基于 neighbor 与 kernel 倾向分值匹配方法结果显示，对外投资后，OFDI 企业的生产率并未显著高于匹配的非 OFDI 企业，但是 OFDI 企业确实获得了更多的技术提升；相对于仅投资于发展中国家的 OFDI 企业，投资于发达国家的企业获得了更多的绩效改进。此外，异质性显著影响了企业境外直接投资后期的绩效，两阶段最小二乘联立方程估计显示，技术水平或生产率越高的企业对外投资的学习能力越强。

(4) 考察组织学习对中国企业海外并购的影响。首先，组织学习影响中国企业海外并购的行为。企业海外并购遵循“弥补禀赋劣势—发挥比较优势—学习与获取新竞争优势”发展策略，逐步向产业链上游推进。战略资产寻求型跨国并购有很强的组织学习动机，在海外并购时倾向采用全资的进入方式，偏好投资市场规模大、制度环境优良的发达国家。对海外并购股权选择的专门研究发现，当东道国市场规模越大，制度距离越小，以及目标企业为高科技企业时，中国并购方更偏好多数股权并购。此外，在股权决策中企业会进行自我学习和向他人学习，即参考过去和他人的决策，但存在调整不充分偏差（锚定效应）。其次，组织学习影响中国企业海外并购的绩效。中国企业通过海外并购嵌入目标企业，跟踪、学习、转移战略资产，海外并购可以视为组织学习的过程。差异性的学习策略对海外并购产生不同影响。实证研究发现并购前的探索式学习有助于提高企业识别和评估目标企业的能力，并且没有导致沉没成本、技术重叠和知识遗忘，对中国企业海外并购绩效产生了正向影响；并购后的利用式学习有利于企业充分利用挖掘已获得的创造型资产，实现高度整合。

当然，本文仍存在不足，需要进一步改进与完善。

其一，虽然本文从企业微观视角分析了中国境外直接投资的行为与绩效，但采用的是上市企业数据，相对于所有开展对外直接投资的企业样本，上市企业样本数量十分有限。因此，以企业微观层面为研究对象，采用样本量更大、时间跨度更长的数据进行分析是今后需进一步研究的方向所在。

其二，缺乏对中小企业对外直接投资行为及绩效的专门分析。相对于大型企业，中小企业的对外直接投资可能具有其特有的模式及特征。近年来，中小企业对外直接投资的数目及规模迅速增加，迫切需要对中小企业对外直接投资进行专门研究。然而，受数据限制，难以展开。未来可以实地考察及问卷调查的方式，获取中小企业自身及其对外直接投资的数据，以填补这一空白。

其三，本文分析了企业通过对外直接投资获取学习效应的途径，但由于篇幅和时间的限制，未能深入分析。由于缺乏中国企业在投资东道国子公司的数据，未能对各个渠道一一验证，亦未能将学习效应在母公司与子公司之间进行剥离，存在一定片面性。因此，不断修正与深入研究将是以后需完善的地方。

对于文中存在的问题与不足，本人将通过不断的研究学习，以期在今后的研究中改善并解决。

# 参考文献

[1] 罗华兵，何永利. 中国企业公民对外投资指南[M]. 北京：中国海关出版社，2003.

[2] 张二震，马野青，方勇. 贸易投资一体化与中国的战略[M]. 北京：人民出版社，2004.

[3] 邢建国. 对外直接投资：战略抉择[M]. 北京：经济科学出版社，2003.

[4] 甘子玉. 中国对外直接投资年度报告(2005—2006)[M]. 北京：社会科学文献出版社，2006.

[5] 项本武. 中国对外直接投资：决定因素与经济效应的实证研究[M]. 北京：社会科学文献出版社，2005.

[6] 刘海洋，孔祥贞，汤二子. 基于微观异质性的新新经济地理研究[J]. 财经科学，2012(4)：62-71.

[7] 钟昌标. 我国实施"走出去"战略的产业选择和区位选择[J]. 管理世界，2001(3)：17-20.

[8] 程惠芳，阮翔. 用引力模型分析中国对外直接投资的区位选择[J]. 世界经济，2004(11)：23-30.

[9] 何本芳，张祥. 我国企业对外直接投资区位选择模型探索[J]. 财贸经济，2009(2)：96-101.

[10] 唐宜红，林发勤. 距离对中国双边直接投资的影响及其动态变化[J]. 数量经济技术经济研究，2009(4)：70-79.

[11] 宋维佳，许宏伟. 对外直接投资区位选择影响因素研究[J]. 财经问题研究，2012(10)：44-50.

[12] 肖慧敏,刘辉煌.地理距离、企业异质性与中国对外直接投资:基于“新”新经济地理视角[J].经济管理,2012(10):77-85.

[13] 宗芳宇,路江涌,武常岐.双边投资协定、制度环境和企业对外直接投资区位选择[J].经济研究,2012(5):71-82.

[14] 王钢,张朝国.中国民营企业对外直接投资区位选择研究:以温州民营企业为例[J].世界地理研究,2013(2):97-17.

[15] 冼国明,杨锐.技术积累、策略竞争与发展中国家对外直接投资[J].经济研究,1998(11):56-63.

[16] 王海.中国企业海外并购经济后果研究:基于联想并购IBM PC业务的案例分析[J].管理世界,2007(2):94-106.

[17] 黄速建,刘建丽.中国企业海外市场进入模式选择研究[J].中国工业经济,2009(1):108-117.

[18] 顾露露,Robert Reed.中国企业海外并购失败了吗?[J].经济研究,2011(7):116-129.

[19] 李泳.中国企业对外直接投资成效研究[J].管理世界,2009(9):34-43.

[20] 肖慧敏,刘辉煌.中国企业对外直接投资的学习效应研究[J].财经研究,2014(4):43-56.

[21] 蔡灵莎,杜晓君,史艳华,等.外来者劣势、组织学习与对外直接投资绩效研究[J].管理科学,2015(4):36-45.

[22] 邱立成,刘灿雷,盛丹.中国企业对外直接投资与母公司经营绩效:基于成本加成率的考察[J].世界经济文汇,2016(5):60-75.

[23] 张凌霄.政府参与对我国企业OFDI绩效影响研究[J].经济评论,2016(5):124-136.

[24] 刘晓丹,衣长军.中国对外直接投资微观绩效研究:基于PSM的实证分析[J].世界经济研究,2017(3):68-77.

[25] 吴先明,胡博文.对外直接投资与后发企业技术追赶[J].科学学研究,2017,35(10).

[26] 马亚明,张岩贵.策略竞争与发展中国家的对外直接投资[J].南开经济研究,2000(4):29-32.

[27] 李卓,刘杨,陈永清.发展中国家跨国公司的国际化战略选择:针对中国企业

实施"走出去"战略的模型分析[J]. 世界经济,2006(11): 11 - 12.

[28] 刘海云. 规模经济与发展中国家的对外直接投资[J]. 国际贸易问题,1998(8):12 - 16.

[29] 张为付,李逢春. 对外直接投资决定因素的演进:FDI 决定理论研究新进展[J]. 国际贸易问题,2011(4):162 - 174.

[30] 何本芳,张祥. 我国企业对外直接投资区位选择模型探索[J]. 财贸经济,2009(2):96 - 101.

[31] 刘宏,汪段泳. 中国对外直接投资现状与特点研究:2008—2009[J]. 国际经贸探索,2010(12):63 - 68.

[32] 徐雪,谢玉鹏. 中国对外直接投资区位选择影响因素的实证分析[J]. 管理世界,2008(4):167 - 168.

[33] 崔也光,赵迎. 我国高新技术行业上市公司无形资产现状研究[J]. 会计研究,2013(3):59 - 64.

[34] 肖慧敏,刘辉煌. 企业特征与对外直接投资的自我行为选择[J]. 国际经贸探索,2013(9):82 - 92.

[35] 李自杰,李毅,曹保林. 金融危机下中国企业海外并购的特征、问题及对策研究:基于对外经济贸易大学跨国并购数据库中国企业海外并购的实证分析[J]. 经济问题探索,2010(4):152 - 157.

[36] 黄保东. 中国企业对外直接投资动因和区位的国外研究述评[J]. 经济社会体制比较,2010(2):189 - 194.

[37] 徐旸慜,姜建刚. 东道国制度视角下我国对外直接投资的决定因素[J]. 上海经济研究,2014(2):23 - 31.

[38] 胡兵,邓富华,张明. 东道国腐败与中国对外直接投资:基于跨国面板数据的实证研究[J]. 国际贸易问题,2013(10):138 - 148.

[39] 张中元. 东道国制度质量、双边投资协议与中国对外直接投资:基于面板门限回归模型(PTR)的实证分析[J]. 南方经济,2013(4):49 - 62.

[40] 田巍,余淼杰. 企业生产率和企业"走出去"对外直接投资:基于企业层面数据的实证研究[J]. 经济学季刊,2012(2):383 - 408.

[41] 常玉春. 企业 FDI 微观绩效的影响因素:一个文献综述[J]. 经济评论,2010(4):154 - 160.

[42] 李阳,臧新,薛漫天. 经济资源、文化制度与对外直接投资的区位选择:基于江苏省面板数据的实证研究[J]. 国际贸易问题,2013(4):148 - 157.
[43] 欧阳艳艳. 中国对外直接投资逆向技术溢出的影响因素分析[J]. 世界经济研究, 2010(4):66 - 71.
[44] 李梅,柳士昌. 对外直接投资逆向技术溢出的地区差异和门槛效应:基于中国省际面板数据的门槛回归分析[J]. 管理世界, 2012(1):21 - 32.
[45] 王英. 对外直接投资影响产业结构调整的实证分析[J]. 审计与经济研究, 2009(4):85 - 89.
[46] 裴长洪,樊瑛. 中国企业对外直接投资的国家特定优势[J]. 中国工业经济, 2010(7):45 - 54.
[47] 郑展鹏,刘海云. 体制因素对我国对外直接投资影响的实证研究:基于省际面板的分析[J]. 经济学家,2012(6):65 - 71.
[48] 曲琛,周立明,罗跃嘉. 锚定判断中的心理刻度效应: 来自 ERP 的证据[J]. 心理学报, 2008, 40(6): 681 - 692.
[49] 李斌,徐富明,张军伟,等. 内在锚与外在锚对锚定效应及其双加工机制的影响[J]. 心理科学, 2012(1): 171 - 176.
[50] 陈仕华, 李维安. 并购溢价决策中的锚定效应研究[J]. 经济研究, 2016(6): 114 - 127.
[51] 林季红, 张璐. 中国企业海外并购的股权策略选择[J]. 财贸经济, 2013, 34(9): 76 - 84.
[52] 李诗, 吴超鹏. 中国企业跨国并购成败影响因素实证研究:基于政治和文化视角[J]. 南开管理评论, 2016, 19(3): 18 - 30.
[53] 张振刚,余传鹏. 利用式与探索式学习对管理创新的影响研究[J]. 管理学报, 2015, 12 (2) :252 - 258
[54] 陈国权,王晓辉,李倩,等. 组织授权对组织学习能力和战略柔性影响研究[J]. 科研管理, 2012, 33 (6) :128 - 136.
[55] 张振刚,李云健,余传鹏. 利用式学习与探索式学习的平衡及互补效应研究[J]. 科学学与科学技术管理, 2014 (8):162 - 171.
[56] 皮建才, 杨雳. 中国民营企业的成长:逆向并购还是自主研发? [J]. 经济评论, 2015(1):66 - 76.

[57] 朱雪春，陈万明. 知识治理、失败学习与低成本利用式创新和低成本探索式创新[J]. 科学学与科学技术管理，2014(9)：78-86.

[58] 薛卫，雷家骕，易难. 关系资本、组织学习与研发联盟绩效关系的实证研究[J]. 中国工业经济，2010(4)：133-136.

[59] 蔡宁，潘松挺. 网络关系强度与企业技术创新模式的耦合性及其协同演化[J]. 中国工业经济，2008(4)：137-144.

[60] 张生太，朱宏淼. 人员流动对组织间隐性知识共享影响研究[J]. 管理科学学报，2016,19(7)：78-84.

[61] 毕晓方，翟淑萍，姜宝强. 政府补贴、财务冗余对高新技术企业双元创新的影响[J]. 会计研究，2017，1：46-52.

[62] 潘松挺，蔡宁. 企业创新网络中关系强度的测量研究[J]. 中国软科学，2010(5)：108-115.

[63] 许罡，朱卫东. 金融化方式、市场竞争与研发投资挤占：来自非金融上市公司的经验证据[J]. 科学学研究，2017，35 (5)：709-719.

[64] 张峥，聂思. 中国制造业上市公司并购创新绩效研究[J]. 科研管理，2016，37 (4)：36-43.

[65] 葛结根. 并购支付方式与并购绩效的实证研究：以沪深上市公司为收购目标的经验证据[J]. 会计研究，2015(9)：74-80.

[66] Dunning J H, Lundan S M Multinational Enterprises and the Global Economy [M]. Cheltenham: Edward Elgar, 2008.

[67] Buckley P J, Ghauri P N. The Internationalization of the Firm: A Reader [M]. London: Thomson Business Press, 1999.

[68] Hymer S. The International Operations of National Firms: A Study of Direct Investment [M]. Cambridge, Mass: MIT Press, 1960.

[69] Buckley P J, Casson M C. The Future of the Multinational Enterprise [M]. London: Macmillan, 1976.

[70] Dunning J H. Explaining International Production [M]. London: Unwin Hyman, 1988.

[71] Legrain P. Open World: The Truth about Globalization [M]. London: Abacus, 2002.

[72] Wolf M. Why Globalization Works [M]. New Haven and London: Yale University Press, 2004.

[73] Boycko M, Shleifer A, Vishny R W. Privatizing Russia [M]. Cambridge: MIT Press, 1995.

[74] Ackermann R S. Corruption and Government. Causes, Consequences, and Reform [M]. Cambridge: Cambridge University Press, 1999.

[75] Harman M, Freeman J. Orgnzational Ecology [M]. Cambridge, MA: Harvard University Press, 1989.

[76] Legrain P. Immigrants: Your Country Needs Them [M]. London: Princeton University Press, 2007.

[77] Wolf M. Why Globalization Works [M]. New Haven and London: Yale University Press, 2004.

[78] Helpman E, Krugman P. Market Structure and Foreign Trade [M]. Cambridge: MIT Press, 1985.

[79] Cantwell J. Technological Innovation and Multinational Corporations [M]. Oxford: Basil Blackwell, 1989.

[80] Perez T. Multinational Enterprises and Technological Spillovers [M]. Amsterdam: Harwood Academic Publishers, 1998.

[81] Haspeslagh P, Jemison D B. Managing acquisitions: Creating value through corporate renewal[M]. New York: Free Press, 1991.

[82] Kahneman D. Thinking, fast and slow[M]. London: Macmillan, 2011.

[83] Salerian J. Analysing the Performance of Firms Using a Decomposable Ideal Index Number to Link Profit, Prices and Productivity [J]. The Australian Economic Review, 2003, 36(2): 143-155.

[84] Yeaple S. Firm Heterogeneity and the Structure of U. S. Multinational Activity: An Empirical Analysis [J]. Journal of International Economics, 2009, 78(2): 206-215.

[85] Coase R H. The Nature of the Firm [J]. Journal of Law, Economics and Organization, 1988, 4(1): 1-49.

[86] Dunning J H. The Eclectic Paradigm as an Envelope for Economic and

Business Theories of MNE Activity [J]. International Business Review, 2000, 9(1): 163 - 190.

[87] Matthews J A. Dragon Multinationals: New Players in 21st Century [J]. Asian Pacific Journal of Management, 2006, 23: 5 - 27.

[88] Buckley P J. Internalisation Thinking: From the Multinational Enterprise to the Global Factory [J]. International Business Review, 2009, 18: 224 -235.

[89] Melitz M. The Impact of Trade on Intra: Industry Reallocations on Aggregate Industry Productivity [J]. Econometrica, 2003, 71: 1695 - 1725.

[90] Helpman E, Melitz M, Yeaple S R. Export versus FDI with Heterogenous Firms [J]. American Economic Review, 2004, 94: 300 - 316.

[91] Bernard A B, Jensen B. Exceptional Exporter Performance: Cause, Effect, or Both? [J]. Journal of International Economics, 1999, 47: 1 - 25.

[92] Bernard A B, Jensen B. Why Some Firms Export [J]. Review of Economics and Statistics, 2004, 86: 561 - 569.

[93] Girma S, Greenaway D, Kneller R. Does Exporting Lead to Better Performance? A Microeconometric Analysis of Matched Firms [J]. Review of International Economics, 2004, 12: 855 - 866.

[94] Arnold J M, Hussinger K. Export Behavior and Firm Productivity in German Manufacturing: A Firm—Level Analysis [J]. Review of World Economics, 2005, 141: 219 - 243.

[95] Fryges H. Productivity Growth and Internationalization: The Case of German and British High Techs [J]. ZEW discussion paper, 2004: 64 - 79.

[96] Aw Y B, Chung S, Roberts M. Productivity and Turnover in the Export Market: Micro Evidence from Taiwan and South Korea [J]. World Bank Economic Review, 2000, 14: 65 - 90.

[97] Pavcnik N. Trade Liberalization, Exit, and Productivity Improvements: Evidence from Chilean Plants [J]. Review of Economic Studies, 2002, 69: 245 - 276.

[98] Clerides S, Lach S, Tybout J. Is Learning-by-Exporting Important? Micro-

Dynamic Evidence from Colombia, Morocco, and Mexico [J]. Quarterly Journal of Economics, 1998, 113: 903 - 947.

[99] Doms M, Jensen B. Comparing Wages, Skills, and Productivity between Domestically and Foreign: Owned Manufacturing Establishments in the United States[M]//Geography and Ownership as Bases for Economic Accounting [J]. Chicago: University of Chicago Press, 1998: 235 - 255.

[100] Navaretti B G, Castellani D. Investments Abroad and Performance at Home: Evidence from Italian Multinationals [J]. CEPR discussion paper 4284, 2004.

[101] Head K, Ries J. Heterogeneity and the FDI versus Export Decision of Japanese Manufacturers [J]. Journal of the Japanese and International Economies, 2003, 17: 448 - 467.

[102] Girma S, Görg H, Strobl E. Exports, International Investment, and Plant Performance: Evidence from a Non-Parametric Test [J]. Economics Letters, 2005, 83: 317 - 324.

[103] Arnold J M, Hussinger K. Exports versus FDI in German Manufacturing: Firm Performance and Participation in International Markets [J]. Review of International Economics, 2010, 18(4): 595 - 606.

[104] Dixit A, Stiglitz J. Monopolistic Competition and Optimum Product Diversity [J]. American Economic Review, 1977, 67(2): 297 - 305.

[105] Baldwin R, Okubo T. Heterogeneous Firms, Agglomeration and Economic Geography: Spatial Selection and Sorting [J]. Journal of Economic Geography, 2006, 6(3): 323 - 346.

[106] Ottaviano G, Tabuchi T, Thisse J F. Agglomeration and Trade Revisited [J]. International Economic Review, 2002, 43(2): 409 - 435.

[107] Melitz M J, Ottaviano G. Market Size, Trade, and Productivity [J]. Review of Economic Studies, 2008, 75(1): 295 - 316.

[108] Melitz M J. The Impact of Trade on Intra—Industry Reallocations and Aggregate Industry Productivity [J]. Econometrica, 2003, 71(6): 1695 - 1725.

[109] Tomiura E. Foreign Outsourcing, Exporting, and FDI: a Productivity Comparison at the Firm Level [J]. Journal of International Economics, 2007, 72(1): 113 - 127.

[110] Chen M, Moore M. Location Decision of Heterogeneous Multinational Firms [J]. Journal of International Economics, 2010, 80(2): 188 - 199.

[111] Aw B Y, Lee Y. A Model of Demand, Productivity and Foreign Location Decision among Taiwanese Firms [J]. Journal of International Economics, 2014, 92(2): 304 - 316.

[112] Head K, Ries J. Offshore Production and Skill Upgrading by Japanese Manufacturing Firms [J]. Journal of International Economics, 2002, 58: 81 - 105.

[113] Castellani D, Ilaria Mariotti, Lucia Piscitello. The Impact of Outward Investments on Parent Company's Employment and Skill Composition Evidence from the Italian Case [J]. Structural Change and Economic Dynamics, 2008, 19: 81 - 94.

[114] Lecraw D J. Outward Direct Investment by Indonesian Firms: Motivation and Effects [J]. Journal of International Business Studies, 1993, 24: 589 - 600.

[115] Kim W. Wealth Effects of International Investments and Agency Problems for Korean Multinational Firms [J]. Journal of International Financial Management and Accounting, 2003, 14: 194 - 217.

[116] Aybar B, Ficici A. Cross-border Acquisitions and Firm Value: An Analysis of Emerging-market Multinationals [J]. Journal of International Business Studies, 2009, 40: 1317 - 1338.

[117] Luedi T. China's Track Record in M&A [J]. The McKinsey Quarterly, 2008, 3: 75 - 81.

[118] Delios A, Paul W. Beamish Survival and Profitability: The Roles of Experience and Intangible Assets in Foreign Subsidiary Performance [J]. Academy of Management journal, 2001, 44(5): 1028 - 1038.

[119] Wyatt A. Accounting Recognition of Intangible Assets: Theory and Evidence on

Economic Determinant [J]. The Accounting Review, 2005, 80(3): 967 - 1003.

[120] Brainard S L. An Empirical Assessment of the Proximity-Concentration Trade-Off between Multinational Sales and Trade [J]. American Economic Review, 1997, 87: 520 - 544.

[121] Salerian J. Analysing the Performance of Firms Using a Decomposable Ideal Index Number to Link Profit, Prices and Productivity [J]. The Australian Economic Review, 2003, 36(2): 143 - 155.

[122] Girma S, Kneller R, Pisu M. Exports Versus FDI: an Empirical Test [J]. Review of World Economics, 2005, 141: 193 - 218.

[123] Wagner J. Export, Foreign Direst Investment and Productivity: Evidence from German Firm Level Data [J]. Applied Economics Letter, 2006, 13: 347 - 349.

[124] Damijan J, Polanec S, Presnikar J. Outward FDI and Productivity: Micro-evidence from Slovenia [J]. The World Economy, 2007, 30: 135 - 155.

[125] Cieslik A, Ryan M. Firm Heterogeneity, Foreign Market Entry Mode and Ownership Choice: The Case of Japanese Direct Investment [J]. Japan and the World Economy, 2009, 21: 213 - 218.

[126] Head K, Ries J. Heterogeneity and the FDI versus Export Decision of Japanese Manufacturers [J]. Journal of the Japanese and International Economies, 2003, 17(4): 448 - 467.

[127] Kolmogorov AS. Determinazione Empirica di una Legge Distribuzione [J]. Giornale dell'Istituto Italiano Degli Attuari, 1933(4): 83 - 91.

[128] Smirnov I V. On the Estimation of the Discrepancy between Empirical Curves of Distribution for Two Independent Samples [J]. Moscow University Mathematics Bulletin, 1939(2): 3 - 14.

[129] Wei Y, Zheng N, Liu X, et al. Expanding to Outward Foreign Direct Investment or Not? A Multi-Dimensional Analysis of Entry Mode Transformation of Chinese Private Exporting Firms [J]. International Business Review, 2014, 23: 356 - 370.

[130] Kleinert J, Toubal F. Gravity for FDI [J]. Review of International

Economics, 2010, 18(1):1-13.

[131] Eaton J, Kortum S, Kramarz F. An Anatomy of International Trade: Evidence from French Firms [R]. NBER Working Paper, 2008.

[132] Applebaum E, Katz E. Seeking Rents by Setting Rents: the Political Economy of Rent Seeking [J]. Economic Journal, 1987, 97: 685-699.

[133] Murphy K M, Shleifer A, Vishny RW. The Allocation of Talent: Implications for Growth [J]. Quarterly Journal of Economics, 1991, 106: 503-530.

[134] Shleifer A, Vishny R W. Corruption [J]. Quarterly Journal of Economics, 1993, 108: 599-617.

[135] Bardhan P. Corruption and Development: a Review of Issues [J]. Journal of Economic Literature, 1997, 35: 1320-1346.

[136] Lui F T. An Equilibrium Queuing Model of Bribery [J]. Journal of Political Economy, 1985, 93: 760-781.

[137] Egger P, Winner H. Evidence on Corruption as an Incentive for Foreign Direct Investment [J]. European Journal of Political Economy, 2005, 21: 932-952.

[138] Agarwal J P. Effect of Foreign Direct Investment on Employment in Home Countries? [J]. Transnational Corporation, 1997, 6(2): 1-28.

[139] Eliasson K, Hansson P, Lindvert M. Do Firms Learn by Exporting or Learn to Export? Evidence from Small and Medium-sized Enterprises [J]. Small Bussiness Economics, 2012, 39: 453-472.

[140] Aitken B, Harrison A. Do Domestic Firms Benefit from Foreign Direct Investment? Evidence from Venezuela [J]. American Economic Review, 1999, 89(3): 605-618.

[141] Javorcik B S. Does Foreign Direct Investment Increase the Productivity of Domestic Firms? In Search of Spillovers through Backward Linkages [J]. The American Economic Review, 2004, 94(3): 605-627.

[142] Branstetter L. Is Foreign Direct Investment a Channel of Knowledge Spillovers? Evidence from Japan's FDI in the United States [J]. Journal of International Economics, 2006, 68(2): 325-344.

[143] Porter M E, Linde C V. Toward a New Conception of the Environment Competitiveness Relationship [J]. The Journal of Economic Perspectives, 1995, 9(4): 97 - 118.

[144] Krishnan M S, Kriebel C H, Kekre S, et al. An Empirical Analysis of Productivity and Quality in Software Products [J]. Management Science, 2000, 46(6): 745 - 759.

[145] Ramondo N. Foreign Pants and Industry Productivity: Evidence from Chile [J]. Scandinavian Journal of Economics, 2009, 111(4): 789 - 809.

[146] Wooster R B. Diebel, D. S. Productivity Spillovers from Foreign Direct Investment in Developing Countries: a Meta—Regression Analysis [J]. Review of Development Economics, 2010, 14(3): 640 - 655.

[147] Mansfield E, Romeo A. Technology Transfer to Overseas Subsidiaries by US Based Firms [J]. Quarterly Journal of Economics, 1980, 95: 737 - 750.

[148] Griliches Z. Issues in Assessing the Contribution of R&D to Productivity Growth [J]. Bell Journal of Economics, 1979, 10: 92 - 116.

[149] Griliches Z. The Search for R&D Spillovers [J]. Scandinavian Journal of Economics, 1992, 94: 29 - 47.

[150] Damijan J P, Rojec M, Majcen B, et al. Impact of Firm Heterogeneity on Direct and Spillover Effects of FDI: Micro-Evidence from Ten Transition Countries [J]. Journal of Comparative Economics, 2013, 41: 895 - 922.

[151] Cantwell J. The Reorganisation of European Industries after Integration: Selected Evidences on the Role of Multinational Enterprise Activities [J]. Journal of Common Market Studies, 1987, 26: 127 - 151.

[152] Halpern L, Murakozy B. Does Distance Matter in Spillover? [J]. The Economics of Transition, 2007, 15 (4): 781 - 805.

[153] Ben H, Lamia P G. Are There Demonstration—Related Spillovers from FDI? Evidence from Switzerland [J]. International business review, 2009, 18(5): 494 - 508.

[154] Nicolini M, Resmini L. Which Firms Create Them and Which Firms

Really Benefit? FDI Spillovers in New EU Member States [J]. Economics of Transition, 2010, 18 (3): 487 - 511.

[155] Keller W, Yeaple S R. Multinational Enterprises, International Trade, and Productivity Growth: Firm Level Evidence from the United States [J]. The Review of Economics and Statistics, 2009, 91(4): 821 - 831.

[156] Damijan J P, Knell M, Majcen B, et al. The Role of FDI, R&D Accumulation and Trade in Transferring Technology to Transition Countries: Evidence from Firm Panel Data for Eight Transition Countries [J]. Economic Systems, 2003, 27(2): 189 - 204.

[157] Heckman J, Ichimura H, Todd P. Matching as an Econometric Evaluation Estimator [J]. Review of Economic Studies, 1998, 65: 261 - 294.

[158] Morgan S L, Harding D J. Matching Estimators of Causal Effects Prospects and Pitfalls in Theory and Practice [J]. Sociological Methods and Research, 2006, 35(1): 3 - 60.

[159] Imbens G. Nonparametric Estimation of Average Treatment Effects under Exogenity: A review [J]. Review of Economics and Statistics, 2004, 86: 4 - 29.

[160] Smith J, Todd P. Does Matching Overcome Lalonde's Critique of Nonexperimental Estimators? [J]. Journal of Econometrics, 2005, 125: 305 - 353.

[161] Rosenbaum P, Rubin D. The Central Role of the Propensity Score in Observational Studies for Causal Effects [J]. Biometrika, 1983, 70: 41 - 50.

[162] Fredriksson P, Johansson P. Dynamic Treatment Assignment—the Consequences for Evaluations Using Observational Data [J]. Journal of Business & Economic Statistics, 2008, 26: 435 - 445.

[163] Crepon B, Ferracci M, Jolivet G, et al. Active Labor Market Policy Effects in a Dynamic Setting [J]. Journal of the European Economic Association, 2009, 7(2): 595 - 605.

[164] Collins J D, Holcomb T R, Certo S T, et al. Learning by doing: Cross—

border mergers and acquisitions[J]. Journal of Business Research, 2009, 62(12): 1329-1334.

[165] Salomon R, Wu Z. Institutional distance and local isomorphism strategy [J]. Journal of International Business Studies, 2012, 43(4): 343-367.

[166] Dikova D, Sahib P R, Witteloostuijn A V. Cross-border acquisition abandonment and completion: The effect of institutional differences and organi-zational learning in the international business service industry, 1981-2001[J]. Journal of International Business Studies, 2010, 41: 223-245.

[167] Lahiri S, Elango B, Kundu SK. Cross-border acquisition in services: Comparing ownership choice of developed and emerging economy MNEs in India[J]. Journal of World Business, 2014, 49: 409-420.

[168] Ramasamy B, Yeung M, Laforet S. China's outward foreign direct investment: Location choice and firm ownership [J]. Journal of World Business, 2012, 47, 17-25.

[169] Epley N, Giolvich T. The anchoring-and-adjustment heuristic: Why the adjustments are insufficient[J]. Psychological Science, 2006, 17(4): 311-318.

[170] Thomas J B, Sussman S W, Henderson J C. Understanding strategic learning: Linking organizational learning, knowledge management and sensemaking[J]. Organization Science, 2001, 12(3): 331-345.

[171] Mussweiler T, Englich B. Subliminal anchoring: Judgmental consequences and underlying mechanisms [J]. Organizational Behavior and Human Decision Processes, 2005, 98(2): 133-143.

[172] Narayannan V K, Zane L J, Kemmerer B. The cognitive perspective in strategy: An integrative review[J]. Journal of Management, 2011, 37(1): 305-351.

[173] Reeb D, Sakakibara M, Mahmood I P. From the editors: Endogeneity in international business research [J]. Journal of International Business Studies, 2012, 43(3): 211-218.

[174] Malhtra S, Morgan H M, Zhu P C. Sticky decisions: Anchoring and

equity stakes in international acquisitions[J]. Journal of Management, 2016, DOI: 10.1177/0149206316664008.

[175] Malhotra S, Gaur A. Spatial geography and control in foreign acquisitions [J]. Journal of International Business Studies, 2014, 45(2): 191 - 210.

[176] March J. Exploration and exploitation in organizational learning [J]. Organization Science, 1991, (2):71 - 87.

[177] Le S A, Park J C, Kroll M. Differential effects of pre-and post-acquisition R&D expenditures on post — acquisition performance [J]. Journal of Business Research, 2014, 67:92 - 99.

[178] Kim J Y, Finkelstein S. The Effects of Strategic and Market Complementarity on Acquisition Performance: Evidence from the U. S. Commercial Banking Industry 1989 - 2001 [J]. Strategic Management Journal, 2009, 30:617 - 646.

[179] Benner M J, Tushman M. ProcessManagement and Technological Innovation: A longitudinal Study of the Photography and Paint Industries [J]. Administrative Science Quarterly, 2002, 47:676 - 706.

[180] Lavie D, Rosenkopf L. BalancingExploration and Exploitation in Alliance Formation[J]. Academy of Management Journal, 2006, 49:797 - 818.

[181] Barkema H G, Schijven M. How Do Firms Learn to Make Acquisitions? A Review of Past Research and an Agenda for the Future [J]. Journal of Management, 2017, 34 (3):594 - 634.

[182] Jenner M H, Sautner Z, Suchard J A. Cross-borderMergers and Acquisitions: The Role of Private Equity Firms[J]. Strategic Management Journal, 2017, 38:1688 - 1700.

[183] Dunning J H. Trade, Location of Economic Activity and the MNE: a Search for an Eclectic Approach [M]//Ohlin B, Hesselborn P, Wijkman P M. The International Allocation of Economic Activity: Proceedings of a Nobel Symposium Held at Stockholm, London: The Macmillan Press Ltd., 1977: 395 - 418.

[184] Dunning J H. Narula, R., Hoesel, V. R. Third World Multinationals

Revisited: New Developments and Theoretical Implications [C]. In Dunning, J. H. (ed) Globalisation, Trade and Foreign Direct Investment, Oxford: Elsevier, 1998: 255-286.

[185] Bulcke D, Halsberghe E. Employment Effects of Multinational Enterprises: A Belgian Case Study [C]. International Labour Office, Multinational Enterprises Programme, Geneva, 1979.

[186] Knell M, Rojec M. The Economic of Knowledge and Knowledge Accumulation: A Literature Survey [C]. Mimeo. NIFU-STEP and University of Ljubljana, Oslo and Ljubljana, 2007.

[187] Okubo T, Picard P, Thisse J F. The Spatial Selection of Heterogeneous Firms [R]. CEPR Discussion Paper, No. 6978, 2008.

[188] Combes P, Duraton G, Gobillon L, et al. The Productivity Advantages of Large Cities: Distinguishing Agglomeration from Firm Selection [R]. CEPR discussion paper, No. 7191, 2009.

[189] Holmes T, Hsu W A, Lee S A. Model of Cities, Entrepreneurship and Exit [R]. Working paper, 2010.

[190] Hansson P. Skill Upgrading and Production Transfer within Swedish Multinationals in the 1990s [R]. CEPS Working Documents, No.163, 2004.

[191] Hemerling J, Michael D, Michaelis H. China's Global Challengers: The Strategic Implications of Chinese Outbound M&A [R]. Boston Consulting Group, 2006.

[192] Brainard S L. A Simple Theory of Multinational Corporations and Trade with a Trade-Off between Proximity and Concentration [R]. NBER working paper 4269, 1993.

[193] Lambsdorff J G. Corruption in Empirical Research: A Review [R]. Transparency International Working Paper, 1999.

[194] Tanzi V, Davoodi H. Corruption, Growth, and Public Finances [R]. International Monetary Fund Working Paper, No.00/182, 2000.

[195] Keller W, Yeaple S. Multinational Enterprises, International Trade, and Productivity Growth: Firm-Level Evidence from the United States [R].

NBER Working Paper, No. 9504, 2003.

[196] Haskel J, Periera S, Slaughter M. Does Inward Foreign Direct Investment Boost the Productivity of Domestic Firms? [R]. NBER Working Paper, No. 8724, 2002.

[197] Ospina S, Schiffbauer M. Competition and Firm Productivity: Evidence from Firm—Level Data [R]. International Monetary Fund Institute, 2010.

[198] Arnold J, Javorcik S B. Gifted Kids or Pushy Parents? Foreign Acquisitions and Plant Productivity in Indonesia [R]. World Bank Policy Research Working Paper, No. 3597, 2005.

[199] Girma S, Görg H. Multinationals' Productivity Advantage: Scale or Technology? [R]. University of Nottingham, Research Paper, 2006.

[200] Kokko A. Foreign Direct Investment, Host Country Characteristics, and Spillovers [R]. The Economic Research Institute, Research Paper, 1992.

[201] Nicolini M, Resmini L. The Impact of MNEs on Domestic Firms in CEECs: A Micro—Econometric Approach [R]. Bocconi University, Mimeo. ISLA, 2006.